闭环思维

刘 金◎著

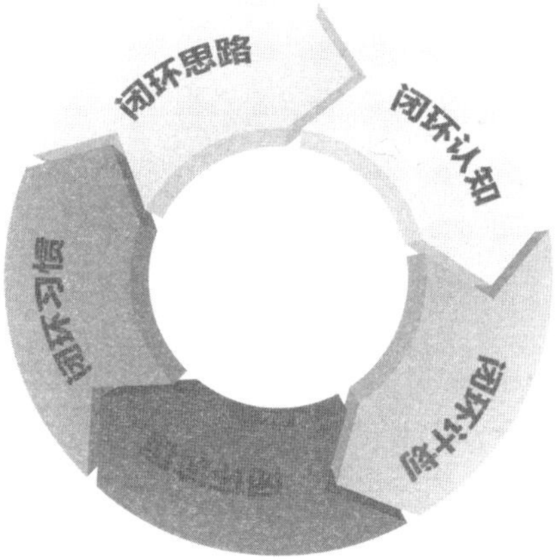

中国经济出版社
CHINA ECONOMIC PUBLISHING HOUSE

图书在版编目（CIP）数据

闭环思维 / 刘金著. -- 北京 : 中国经济出版社, 2023.6

ISBN 978-7-5136-7313-6

Ⅰ. ①闭… Ⅱ. ①刘… Ⅲ. ①思维方法 Ⅳ. ①B80

中国国家版本馆CIP数据核字（2023）第084103号

责任编辑 张梦初
责任印制 马小宾
封面设计 于德梅

出版发行 中国经济出版社
印 刷 者 三河市宏顺兴印刷有限公司
经 销 者 各地新华书店
开 本 880mm × 1230mm 1/32
印 张 6
字 数 120千字
版 次 2023年6月第1版
印 次 2023年6月第1次
定 价 48.00元
广告经营许可证 京西工商广字第8179号

中国经济出版社 网址 www.economyph.com 社址 北京市东城区安定门外大街58号 邮编100011
本版图书如存在印装质量问题，请与本社销售中心联系调换（联系电话：010-57512564）

序言／主动闭合我们的思维

思维在我们的生活和工作中扮演着非常重要的角色，可以说在人的一生中，思维一直伴随着我们，无论是好是坏，是优是劣，它都是不可或缺的。

思维于我们而言，就像一件帮我们“开路”的神器，平时潜藏在我们的头脑中，需要的时候拿出来解决问题。不同的人，思维往往是不同的，有人说“人和人最大的区别不是别的，而是思维”。这话有一定的道理，同一件事、同一个问题，不同的人来处理，结果可能千差万别，就是因为不同的人，思考方式和思维系统是有区别的。

思维具有多样性、多元性，也各有其不同的适用范围和适用条件。但无论如何多样、多元，它们都应该是能够闭合的：有始有终、环环相扣，首尾呼应。一个有始无终、环节错位、无法闭合的思维绝对称不上是好的思维。能够闭合的思维，即称之为“闭环思维”。

闭环思维是一种能让一件事或一项活动持续运转并最终获得结果的思维。其最早是由美国质量管理专家休哈特博士提出来的，他的定义是这样的：指针对自己或他人发起的活动或工作，通过不断循环和不断反复的过程完成它，并将其结果反馈给发起人的思维方式。

选择的意义往往是高于努力的，因为选择在前，努力在后，而且选择事关方向，如果方向选择有偏差，甚至南辕北辙，再怎么努力也是枉然。闭环思维就起着类似选择的作用。凡事总要思路上能顺利贯通下去，行为上的付出才有意义。

闭环思维是一种高效实用的思维方式，被广泛应用到生活的角角落落和各行各业中。从本质上看，闭环思维的核心是让事物在时间轴上更好地迭代发展，最终形成一个完整的闭环。

对我们每个人而言，可能每天我们都在自觉和不自觉地应用着闭环思维安排事情、解决问题，但我们中的大多数人还都没有十分清醒地意识到闭环思维的存在，更不要说能认识到它巨大的实用价值和功效，所以，为了能更好地应用闭环思维，让我们的生活和事业顺利跃上一个新台阶，实现我们那些看似遥不可及的梦想，我们有必要有意识地锤炼思维，使之形成有实效的、对我们有益的闭环。

目录
CONTENTS

第四章 | 闭环思维让结果可预测

第五章 | 沟通闭环在于有效反馈

第六章 | 工作闭环在于良性循环

第七章 | 打通自己的底层闭环思维

第八章 | 让闭环思维成为一种习惯

第一章

闭环思维与思维的正向闭环

闭环思维是一种常见却容易被人忽略的思维方式，很多人意识不到它的存在，更缺乏对它的重视，可是它却起着非常重要的作用。想要应用好闭环思维，首先就要深入了解它。

闭环思维：可闭合的思维

简单来讲，闭环思维就是有始有终且首尾能“相顾”的思维。从整个思维的链条来看，闭环思维是可以闭合和循环的，有开始，有结束，且首尾相接不断开，而不是一条只通往一个方向、“有去无回”的直线。

图 1-1　思维的闭环链条

看下面两个例子：

说把大象装进冰箱需要几步？地球人都知道，需要三步：第一步，打开冰箱门；第二步，把大象装进去；第三步，关上冰箱门。

请问，这个过程体现的是闭环思维吗？

不是。为什么？因为这只是一个单纯的线性思维过程。虽然也有始有终，但是在这个过程中，这件事“有去无回”，单纯地结束了，所以体现出来的不是闭环思维。

如果你是一个销售人员，公司给了你客户的名单，你联系客户，与客户对接，最后交易达成。请问，这体现出的是闭环思维吗？

也不是，因为这个过程是不完整的，换一句话说就是没有完整闭环，只有和客户交易达成的过程，而没有后续的客户生产过程，也缺乏再执行过程，首尾没有衔接，无法循环，所以体现出来的也不是闭环思维。

闭环思维很难见到吗？不是的，恰恰相反，闭环思维的应用在工作和生活中十分常见，看一个简单的例子：

有两个打工者同一时间进同一个工厂，做同样的工作。打工者甲吃苦耐劳，工作认真，听领导的话，领导说怎么做就怎么做，没有任何自己的意见，休息时逛逛街，刷刷手机，仅此而已。打工者乙工作也认真，也吃苦耐劳，也听领导的话，不同的是他喜欢琢磨自己的工作，喜欢研究车间里机器的工作原理和性能，琢磨不透就问管机器的师傅，或者休息时上网找相关的资料，自己研究解决。

久而久之，乙的见识和工作技能都提高了，也能时不时地给领导提些意见和建议了。有些意见还获得了领导的肯定。过了半年，乙被提拔为所在生产小组的组长。又过了大半年，乙又被提拔为所在车间的副主任。两年后，乙成为这个工厂的副总经理，主抓技术，负责全厂车间的生产。而甲这时依旧在车间忙碌。

在这里，乙的思维就是闭环的，他在做基础工作时，没有只做不想，而是有意识地去学习相关的专业知识，然后再将所学的知识运用到工作中，提升了工作技能，提高了工作效率，从而得到领导的赏识和信任，被委以重任，最终实现了职业生涯的飞跃。

相反，甲的思维链条就是非闭环的，他只着眼于自己手中的活，思维也止步于如何完成工作，交差了事。

再看另外一个例子：

在短视频和网络直播大行其道的大背景下，很多人，特别是年轻人都想参与到这时髦又吸金的经济浪潮中，有两个年轻创业者也投入其中，两个人都制作了很多质量很好的短视频，也都成功上传到平台上。年轻人A的视频短时间内就获得了大量的粉丝关注，但是他却没有及时去“闭环”，只为输出而不停地拍摄、制作、上传。

而年轻人B在获得粉丝的同时，提醒粉丝关注视频号中的产品，如果对产品感兴趣，可以付费购买。这样B的行为就形成了一个产品交易的“闭环”：制作视频→上传平台→关注产品→付费购买，付费购买再反过来激发B更加热情地制作视频，发布视频。

A的视频是碎片化的，没有一个核心目的，没有可以持续的东西，短时间内固然可以依靠视频的出彩而获得关注，但是时间一长，人们都审美疲劳了，找不到一个“输出口”，自然就会选择离场。从整体来看，A的运营链条是断开的，虽然有始有终，但是却没有形成“闭环”。所以，A的失败从某种程度上来说是必然的。

如上所说，闭环思维在各行各业以及生活中是随处可见的，只不过很多时候它是“潜藏起来的”，没有显现，即便发生影响和作用，也都是悄然进行的。只有当你意识到并有意应用时，它才会让你感知到，而且无论你是否意识到它的存在，它都在发挥着影响和作用。

简而言之，闭环思维活跃在我们的生活和工作中，且不以你我的意识而存在，是有始有终、首尾相顾、可形成有效循环的环形思维。“闭环”是它最主要和最明显的特征，那些只有“输入”，而没有“输出”，或者“输出”与“输入”大相径庭、相去甚远的思维，都不是，也不能称为闭环思维。

从实效性来说，你可以不具备完整闭环的能力，但是却一定要具备了解完整闭环的能力。对一个企业而言，在了解了完整的闭环之后，把不同能力模型的员工输送到对应的环节，打造一个拥有复合能力的团队，就可以推动整个闭环的运作。

事实告诉我们，几乎每一个取得成就的领导者，每一个“聪明”人，都在自觉或不自觉地运用闭环思维来管理国家、企业和自己，都在闭环思维的指导下开展工作、处理问题。

一言以蔽之，闭环思维不可或缺，有之，事顺；缺之，事滞。

思维闭环的正向性和导向性

思维可以是一条线，也可以是一个面，还可以是一个体。实际上，无论思维是哪一种形式，都有一个方向的问题。就像一束光，必然要朝着某个或某几个方向照射一样。闭环思维也是一样的，有个方向性问题，那么闭环思维的方向对思维的结果有什么影响呢？

看下面这个例子：

普罗泰戈拉是古希腊一个著名的辩者。有一个叫欧提勒士的年轻人慕名而来向他学习辩论技巧。学习之前，两人签订了一个合同：普罗泰戈拉向欧提勒士传授辩论技巧，教他如何帮人打官司；作为报酬，入学时欧提勒士向普罗泰戈拉付一半学费，剩下的另一半学费则等欧提勒士学成后帮人打赢一场官司时再一次性付清。

几年后，欧提勒士在普罗泰戈拉处学成毕业了，但随之问题也出现了，由于欧提勒士总不帮人打官司，所以普罗泰戈拉一直没有得到剩余的那一半学费。

最后普罗泰戈拉等得终于失去了耐心，于是他将欧提勒士告上法庭。普罗泰戈拉是这样想的：如果欧提勒士打赢了这场官司，那么按照合同的约定，他应该付给我另一半学费；而如果欧提勒士打输了这场官司，那么按照法庭的裁决，他也应该付给我另一半学费。这样无论欧提勒士打赢这场官司还是打输这场官司，他都应该付给我另一半学费。

普罗泰戈拉想得挺美，可是欧提勒士并不担心，因为他的想法和老师普罗泰戈的想法恰恰相反：如果我打赢了这场官司，那么按照法庭的判决，我不用付给普罗泰戈拉另一半学费；而如果我打输了这场官司，那么按照合同的约定，我也不用付给普罗泰戈拉另一半学费。就是无论我打赢这场官司或者打输这场官司，我都不用付给他另一半学费。

就这样欧提勒士和老师普罗泰戈拉都信心满满地站上了法庭。

这就是著名的“二难推理”。且不论二人谁说得有理，此处单看他们二人思维的展开和结果。我们看到，普罗泰戈拉和欧提勒士二人从不同方向出发，将思维延伸，最终各自形成了闭环。虽然都形成了闭环，可是他们的思维结果却是截然相反、彼此对立的。这说明思维方向的差异可造成巨大的结果反差。两者息息相关。

我们可以大略将闭环思维分为两类，一类是正向闭环思维，一类是反向闭环思维。这样闭环思维的方向也就相应分为了两种，一种是正向，一种是反向。正向的闭环思维就是思维朝着正确的方向发展，最终形成良性的闭环，其结果通常情况下是好的。比如前面提到的年轻创业者B的运营交易闭环：制作视频→上传平台→关注产品→付费购买→制作视频。

而反向闭环思维则与之相反，其出发点是错误的，或者是失之偏颇的，然后在不正确的道路上持续走，最终形成恶性循环，导致产生不好的结果。比如拖延症的产生，本不想熬夜，但是偏偏做事拖延，快要到完成日期了，又不得已熬夜工作，导致第二天精神不振，工作效率下降，然后又不得不熬夜赶工，接着第二天依旧精神不佳，这样就形成了恶性的闭环。

由此可见，思维上形成一个闭环固然是非常重要的，但是一定要形成一个正向的闭环，这样才有可能发挥出思维闭环的正向性和导向性，要不然只会遭受其恶果。明知拖延会带来一系列坏的结果和影响，那么就要提醒自己，该行动时一定要行动，在合理的时间内完成既定任务，不要今天的工作推到明天去做，明天的工作推到后天去做，最后不得不熬夜工作。睡眠充足了，精力充沛了，工作效率就有了保障，这样就会形成一个正向的闭环。

所以做事之前，首先要考虑到思维的方向性问题，要对自己所做的事情进行正向闭环的规划，要创造形成正向闭环的条件，调动、发挥积极因素，推动各个环节步入正轨，最终形成一个个正向的闭环，并使其发挥导向作用。

在做总统之前，林肯曾是一位律师。有一天，他接到一件案子：一个叫阿姆斯特朗的人被人诬告为谋财害命的凶手。一个叫福尔逊的证人坚称，他目睹了阿姆斯特朗在午夜行凶杀人。接手这个案子后，林肯仔细做了大量的调查，并亲自勘查了现场，最终摸清了事实。

开庭时，林肯巧妙地采取了迂回战术，没有直接揭露证人的谎言，而是设了一个“局”，最终使证人的证词不攻自破。他们的对话过程如下：

林肯：你起誓说看清了阿姆斯特朗？

福尔逊：当然。

林肯：你说你当时在草堆的后面，阿姆斯特朗在一棵大树下面，你们相距有二三十米，能确认自己能看清吗？

福尔逊：看得非常清楚，因为当时月光很亮。

林肯：你确信不是凭衣着猜测的吗？

福尔逊：我绝对看清了他的面目，因为月光正照在他脸上。

林肯：你能肯定凶杀时间正是晚上十一点钟吗？

福尔逊：当然，因为我回家后看了时钟，正好是十一点一刻。

听到这里，林肯马上向法庭声明：

证人是个十足的骗子。他言辞确凿地说，18日晚上十一点钟月光照在凶手的脸上，所以他认出了阿姆斯特朗。然而，请法庭注意，10月18日是上弦月，十一点钟的时候月亮早就下了山。即使月亮没有下山，月光能够照到被告的脸上，这时被告脸朝向西面，而证人在树东面的草堆后，怎么能看到被告的脸？如果被告回头，月光就照不到他的脸，那证人也就没有办法认出他。所以无论哪种情况，证人都在说谎。

庭审中，林肯在详细调查的基础上，预设好“埋伏”，然后引导对方一步步进入其中，接着在取得证词后发起进攻，最终以不可辩驳的言辞揭露了对方的谎言，让对方搬起石头砸自己的脚，无可逃遁，只得承认做了伪证，从而赢得了这场官司。这就是正向思维闭环的作用和意义。

“蝴蝶效应”与思维闭环

有些时候，思维上的闭环，如同自然界中的“蝴蝶效应”，由小引发，以大收尾。让我们再看一下“蝴蝶效应”是怎么回事。“蝴蝶效应”最常见的一个阐述是：

南美洲亚马孙河流域热带雨林中的一只蝴蝶，一天闲来无事，偶尔扇动了几下翅膀，两周以后引发了美国得克萨斯州一场龙卷风。这看似荒诞，但实则确有关联。

这个效应的因果依据和连锁反应在于：蝴蝶翅膀的运动，让它身边的空气系统产生变化，并引起微弱气流的产生，而微弱气流的产生又导致它四周空气及其他系统产生一定的变化，一环推动一环，由此引起一连串的连锁反应，最终导致其他系统的极大变化。

概而言之，“蝴蝶效应”的本质是一件表面上看来十分微小的事物的改变，可能会产生巨大的效应。反过来看，它说明事物发展的结果，对初始条件具有极为敏感的依赖性，初始条件很小的偏差，可能会引起结果的巨大差异，可谓牵一发而动全身。

是不是有些牵强附会或者夸大其词呢？实际上不是的。因为很多看似毫无关联，没有半毛钱关系的两个事物，实际上可能关系紧密，甚至息息相关。

有这样一个流传甚广的西方民谣：

丢失一个钉子，坏了一只铁蹄；坏了一只铁蹄，折了一匹战马；折了一匹战马，伤了一个骑士；伤了一个骑士，输了一场战斗；输了一场战斗，亡了一个帝国。

这个民谣描述的是一个真实的历史故事。我们可以把这个民谣看作是具象化及形象化的“蝴蝶效应”，那个丢失的钉子就相当于热带雨林中的那只蝴蝶扇动了翅膀，而帝国的消亡就相当于得克萨斯州那场骤起的龙卷风。其实早在一千多年前，我国先人就说过类似的话，《礼记·经解》载：易曰，君子慎始，差若毫厘，谬以千里。《魏书·乐志》载：但气有盈虚，黍有巨细，差之毫厘，失之千里。

深入研究“蝴蝶效应”，我们会发现它形成了一个闭环系统，从蝴蝶扇动翅膀，到驱动得克萨斯州产生一场龙卷风，再到龙卷风影响其他生物（包括蝴蝶本身），形成了一个闭合的生态系统，而且，这个闭环系统的条件和结果一小一大，形成了巨大的反差。

将这个现象反馈回我们的生活中，也很好理解，一个生产企业，不在源头上把好产品关、质量关，忽视小的瑕疵，那么必然有一天会搬起石头砸自己的脚，小的瑕疵最终带来大恶果。相反，如果合理安排，严格要求，不放过一点瑕疵，有问题及时反馈解决，那么也会相应带来令人满意的结果。看下面两个生活实例就知道了。

1.二战期间，美国空军使用的降落伞合格率为99.9%。这个合格率已经很高了，即便放在现在，这个合格率也是很多企业难以达到的。但是这个合格率同时也意味着，每一千次跳伞就会有一人去死神那里报到。如果是万次、十万次、百万次跳伞呢？影响就很大了，所以美国军方要求降落伞合格率必须达到100%，否则退货。

厂商觉得军方有些强人所难，在他们看来，能达到现在这个合格率已经是无可挑剔的了，不管采取什么办法，都不可能让合格率达到100%。

最后还是美国军方想出一个“完美”的解决办法，他们要求降落伞厂商在成品出厂后随机抽取其中1件，给厂家负责人穿上然后让其从飞机上跳下。厂商默然。最终奇迹出现了，在这个要求提出来以后，厂商提供的所有批次降落伞的使用合格率均为100%。看来，不是达不到，而是想不想的问题。

2.卡莉·费奥瑞娜毕业于斯坦福大学法学院。她毕业后做的第一份工作是在一家地产公司当电话接线员，每天的工作内容就是打字、复印、收发文件、整理文件等杂活。卡莉的父母和亲戚朋友都对她的工作感到不满意，他们认为这些不是一个斯坦福大学的毕业生应该做的事，但卡莉本人却没有丝毫的怨言，而是一丝不苟、认真细致处理每一件事。

一天，公司的经纪人请她帮忙写份文稿，她同意了。而正是这次撰写文稿的机会，她的才能得到了公司领导层的关注，最终得以提拔重用。这位卡莉·费奥瑞娜就是惠普公司的前CEO，也被尊称为世界第一女CEO。

世上万事万物皆有联系，也皆处于一个个闭环系统中，凡事有因才会有果，没有任何一件事是无缘无故的，都是有前因后果的。平时我们要注重提高自己的闭环思维意识，目光放长远，同时着力培养自己的闭环系统思维，努力用闭环思维去处理事情、解决问题。

思维闭环是生活的大智慧

闭环化思考事情是心理成熟的一个重要标志，同时也代表了一种人生的智慧。

一个老人临去世时对好朋友说："我就一个儿子，虽然他并不聪明，但是我还是希望他能成为世界银行的副总裁，洛克菲勒财团的董事，并成为现任总统的女婿。"

老人去世后，老人的朋友为完成老人临终遗愿，想出一个办法。他先找到世界银行的总裁，对他说："我向您推荐一位优秀的年轻人，他将成为洛克菲勒财团的董事，还有现任总统的女婿，这样的年轻人你愿意任命他为世界银行的副总裁吗?"总裁考虑了一下就答应了。

老人的朋友又去找洛克菲勒财团的董事长，对他说："有这样一位优秀的年轻人，他是世界银行的副总裁，并且即将成为现任总统的女婿，您认为他是否有资格成为洛克菲勒财团的董事?"洛克菲勒财团的董事长考虑了一下也答应了。

最后，老人的朋友又想办法见到了总统，跟对方说："有一位优秀的年轻人是世界银行的副总裁，洛克菲勒财团的正式董事，想成为您的女婿，您看可以吗?"总统考虑过后也答应了。就这样老人的儿子成了洛克菲勒财团的董事、世界银行的副总裁和现任总统的女婿。老人的遗愿实现了。

一件不可思议的事情在老人朋友的神奇操作下魔幻般地变成了现实。是什么在起作用？仔细探究就会发现，是几个虚实相接的闭环思维缔造了这个奇迹。这些思维看似虚，又不完全虚，看似实，又掺杂着虚，先虚后实，虚实相间，但无一例外都形成了闭环，虚的闭环，实的闭环，小的闭环，大的闭环，环环相扣，最终形成一个无懈可击的闭环，充满了人生的智慧。

再看下面这个例子：

有三个年轻人一起外出打拼。他们在一个偏僻的山镇发现了商机。当地特产一种又红又大、味道香甜的苹果，但受信息、交通所限，苹果仅在当地销售，售价非常便宜。

第一个年轻人，将身上全部的钱购买了苹果，然后将苹果运回家乡后以高两倍的价格出售，这样往返数次，他成了家乡第一名万元户。

第二个年轻人，用身上一半的钱，购买了苹果苗，运回家乡后，用另一半的钱承包了一片山坡，然后栽上苹果苗。三年时间，苹果苗长成了一片果林，但他到现在却没有任何收入。

第三个年轻人，既没有买苹果，也没有买苹果苗，只带了一包果树下的泥土回家。回去后他把泥土送到当地的农业科研所，让研究人员帮着分析土壤的成分。之后，他承包了一片荒山坡，用整整三年的时间，开垦、培育出与带回泥土一样成分的土壤。随后，他购买了苹果苗，在上面栽种上。

光阴荏苒，十年的光景一晃过去了，再看看这三个年轻人，发现他们的命运已迥然不同：

第一个买进卖出苹果的年轻人，现在每年依然还在买进卖出，但由于当地信息和交通已经很发达，竞争者多了起来，利润已经大不如前，所以赚的钱很少，只能说勉强维持。

第二个购买树苗栽种的年轻人，已拥有了自己的果园，但是因为土壤的差异，结出来的苹果甜度不够，但是仍然可以赚到相当的利润。

第三个培育果园土壤的年轻人，他种植出来的苹果，无论是外形、色泽，还是味道，和原产地苹果相比不相上下，再加上销售得当，每年都会吸引来无数购买者，赚得盆满钵满。

实际上，三个年轻人的营销轨迹都形成了一个闭环，但第三个年轻人的闭环显然更高明、更长久，由此所取得的成就相应比另外两个伙伴的要大。

仔细探查，你就会发现世上很多“圆满”的事物，最终都是一个个的“环”，不然为什么叫“圆满”呢？世界形成了无数个“圆”，太阳是个圆，地球是个圆，水滴是个圆，生命还是个圆，大多数事物都形成了自己的“圆”，有始有终，循环往复。在每一种“圆”外，又有无数个看得见、看不见的“圆”。

人生的智慧也正诞生于这无数个“圆”中，且循环往复，生生不息。话要说“圆”，方不伤人；事要做“圆”，方可避免纰漏。

古时科举，一考生文采出众，但卷上有一个错别字。考官叫来考生问：“这字，对吗？”考生底气十足大声回答：“对，我十分肯定。”因不懂礼数（在古代，礼数被看得很重），这个考生没有被录用。一年后，考官找到这名考生，再次问他：“这字，对吗？”这次，考生谦虚地说：“有待商榷，学生才学有限，不敢肯定。”考官很满意，遂举荐考生入朝为官。

世上很少有绝对正确的事物，一切都是发展变化的，知识也是如此，知识之外是更广的学识，只有站在更高层次上认识到这一点，才能形成高级别的闭环，才能让自己充满智慧。

第二章

闭环思维就是思考有回路

要想让一项活动顺畅进行下去，首先需要在思路上先行贯通。而思路的贯通，实际上就是思考有回路。只有思考有回路，才可能让所做的事情有回路，最终才能实现完整的闭环。

好的思维都是有回路的

好的思维都是闭环的，不过可不是下面这种“闭塞的环”。

一个富人来到一个风景优美的山区游玩，他感慨于当地自然美景的同时，又惊讶于当地的贫穷，他突然有了一个想法，想投资一笔钱用于改变这里贫穷的面貌。兴之所至，他拦住面前经过的放牛娃，由此有了下面的一番对话：

富人：“你每天放牛为了什么？”

放牛娃：“为了赚钱。”

富人：“那赚了钱要做什么？”

放牛娃：“娶媳妇。”

富人：“娶媳妇为什么？”

放牛娃：“生娃。”

富人更有了兴趣：“那有娃之后呢？”

放牛娃：“放牛。”

富人愣住了，一时无语，不知道该说些什么。

思来想去，富翁最后放弃了投资这里的想法。

一个男孩经朋友介绍认识了一个外地女孩。两人互加了微信，开始在网上聊天。

男孩：“在吗？”

女孩：“在呢！”

男孩："吃饭了吗？"

女孩："吃了。"

男孩："在干什么？"

姑娘："上网。"

男孩："你那里天气好吗？"

女孩："还可以啊，挺好的。"

男孩："哦，那你忙吗？"

女孩："不忙。"

然后男孩不知道该问什么了，女孩也没有说话。过了一会儿，男孩说："我没什么事，就想问问你忙不。"

女孩："我说了，不忙，就先这样吧。"

聊天到此结束。

这场尬聊主要责任在于男孩。因为男孩的话题都是那种"闭合"性的话题，容易把天"聊死"，显然，这样的"闭环"不是正向"闭环"，没有形成良好的"回路"，假如聊天这样进行：

男孩："吃饭了吗？"

女孩："吃了。"

男孩："吃的什么好吃的？"

女孩："点的外卖，牛肉面。"

男孩："呀，总吃外卖不好，其实牛肉面自己做也很省事的。"

女孩："可我不会。"

男孩："我来教你，很简单的，先……"

话题由此展开。如果交谈中发现某个话题对方不感兴趣，或者有抵触心理，可以马上转移成合适的话题。总之，多聊对方感兴趣的，多聊容易展开的，这样聊天所形成的闭环就是好的闭环，也多半会取得令人满意的效果。

再看下面这个例子：

古时，两个好朋友相约去大城市做生意。一个人随身带了一些钱，又把剩下的钱和朋友的钱合在一起埋在一个隐秘的地方。临行前，朋友说身体不舒服，要休息几天再上路，于是这个人就自己先上路了。途中，这个人遭遇了土匪，身上的钱被抢走了，所幸人没事。没了钱，这个人只好返回。他想先把埋的钱取出来再去找那个朋友。

令他吃惊的是，先前和朋友一起埋的钱不翼而飞了。吃惊过后，他冷静下来，开始仔细梳理此事。埋钱的地方只有自己和那个朋友知道，朋友临行前却忽然称病不去，似乎有些巧合。他猜极有可能是朋友背着自己拿走了钱。想到这里，他想直接去找朋友问个清楚，可转念一想，如果朋友不承认怎么办，自己又没有真凭实据证明是对方私拿了钱。

他琢磨来琢磨去，终于想到了一个办法。他找来一块布，包了一些石头，然后拿着去了朋友家，高兴地对朋友说："我在路上做了笔买卖，赚了一些钱，还想把钱埋在原来的地方，你和我一块儿去吧。"

由于之前埋的钱确实被这个朋友拿去了，朋友本不想再一同去埋钱，但又想得到这笔钱，于是想了想答应了同去，但是又推说有点事要处理，让这个人先回家，自己处理完事情再去找他一同去。

趁这个人离开的那段时间，那个朋友带着先前挖出来的钱直奔埋钱的地方，并把钱重新埋到原位，然后跑到这个人家里说自己的事情处理好了。这个人便拿着沉甸甸的包裹和朋友一起出了门，来到之前埋钱的地方。这个人挖出了埋的钱后，又把带来的包裹埋了进去，然后一句话没说就走了。朋友有些吃惊，后来，等他独自一人偷偷挖出那个包裹一看，里面竟然全是石头，他随即明白了是怎么回事。

这个人是聪明的，他的思维链条是闭环的，试想一下，如果在发现钱丢了以后，他直接去问那个朋友，相信这钱是要不回来的，因为没有证据证明钱被朋友拿走了。但是转换思维后，利用朋友的贪心使其“自投罗网”，这样从设局、布局，实施，到结局，就形成了一个正向闭环，从而让事情得到了完美的解决。

可以说，好的思维都是闭环的，都是有“回路”的，既环环相扣，又首尾相顾，衔接紧密。显而易见，这样的“思考回路”对问题的解决无疑是有利的，也是必要的。

闭环思维提供做事的逻辑

做事需要逻辑，否则就会颠三倒四，胡子眉毛一把抓，没有主次。而做事的逻辑实际上就是一条“线”，一条可以“闭合”的线，在“这条线”上，计划、行动、落实、结果、反馈，再推进，前后有序、有条不紊地展开，而这体现出来的就是闭环思维。

从这一点来看，闭环思维是做事的方法论，提供的是做事的逻辑，而不是具体的行动。一个拥有闭环思维的人，做事一定是非常有条理和目的性的，知道要做什么，应该做什么，先做什么后做什么，而且有始有终，做任何事情都能够按照闭环思维的逻辑去进行，让整件事情自始至终都处于自己的掌控之中，即便无法完全掌控，也对事情的来龙去脉、因果联系有着很清晰的了解，并力所能及作出自己的努力。

有两个出家人住在相邻两座山的两座庙里，由于山上没有水，两个出家人都需要到山下去挑水。他们挑水的地方是山下的同一条小溪。两个出家人每天下山挑水，经常见面，久而久之，熟悉并成了朋友。

日复一日，生活悄然而过。一日A出家人下山挑水没有看到B出家人。A出家人没有多想，以为对方睡过头了。第二天，A出家人还是没有看到老朋友，他还是没往心里去。转眼间，半个多月过去了，A出家人终于沉不住气了，自语：“难道是生病了，那没有水怎么生活……”于是他决定挑一担水给老朋友送去。

到了老朋友的庙里，让他十分吃惊的是，老朋友不但没有生病，反而正气定神闲地在练剑。A疑惑地问老朋友："最近你怎么不下山挑水了呢？还以为你生病了呢？"B听后笑着说："下山挑水的这几年，我利用空闲时间在山上挖井，虽然每天只挖一点点，但日积月累，半个月前终于挖成了一口井，现在可以不用下山挑水吃了，也有时间做自己喜欢的事了。"

B没有像A一样"当一天和尚撞一天钟"，而是做了有目的性的规划，然后在规划的驱动和指引下逐步落实各个环节，最终达成心愿。这种行事方式遵循的就是闭环思维逻辑。正如上面所说，闭环思维能够提供我们做事的逻辑，指导我们如何行动，如何达成目的，而不会贸然行事。

一次诗人但丁路过一个铁匠铺，听见里边一个铁匠一边打铁，一边唱着他的诗歌。但丁驻足听了一会儿，很生气，因为铁匠随意缩短和加长诗歌，让诗歌的韵律美消失殆尽。

但丁本想冲进去大声怒斥铁匠，但忽然想到铁匠未必肯接受批评，于是但丁决定换一种方式，他想了想，有了主意，只见他径直走进铁匠铺，然后二话不说，将铁匠的工具一件一件扔在地上，发出"乒乒乓乓"的极不协调的声音。

铁匠正要发怒，但丁突然发问："好听吗？"铁匠不明所以，自然回答："好听什么，难听死了！"但丁马上又问："既然知道不好听，那你为什么唱我的诗歌不按我写的格式去唱，诗的韵律美都让你破坏了！"铁匠随即明白了但丁的用意，急忙道歉。

一个煤厂存放在院子里的煤发生了自燃，事后煤厂请来专家帮助设计防火方案。专家来了之后，没有急于动手，而是先查找存煤发生自燃的原因。经过实地勘察和查找资料，最终专家找到了存煤发生自燃的原因。煤是有机物的产物，堆积在空地上，时间长了，煤氧化导致热量升高，温度也随之升高，等温度升到煤的燃点时，就发生了自燃。

原因找到后，就可以从产生自燃的因果关系出发来制定预防方案了。最后，专家给出了四条具体的防存煤自燃方案，有效地解决了存煤自燃的问题。

（1）存煤分开储存，且每堆不宜过大；

（2）严禁存煤中夹杂易燃杂物；

（3）定期给存煤通风，防止蓄积温度过高；

（4）存煤堆放时间不宜过长。

简而言之，要想让某件事或某项工作水到渠成顺利完成，必然需要一个科学的指引，而这个科学的指引就是做事的逻辑。那又是什么提供了做事的逻辑呢？

从上面的分析我们知道，为我们做事提供逻辑的是思维，而要想事情有个好的结果，这个思维就必须是闭环思维，也就是说是闭环思维提供了我们做事，并将事做对的逻辑。从制定规划方案，到行动落实，到内化消融，再到反馈，都是闭环逻辑驱动的结果。

由此我们得出，没有闭环思维的支撑，做事的逻辑就是杂乱无章的，所以说，若想让某项工作顺利、圆满完成，一定先要将我们的思维链条完整闭环。

闭环思维是归纳法和演绎法的结合

归纳法和演绎法是逻辑推理的两种主要方法。归纳法也称为归纳推理，是由特殊具体的事例推导出一般原理、原则的逻辑推理方法，通常存在于具体的对象和现象之中，然后通过认识个别推导出一般性原理或原则。

根据前提对象范围的不同，可以将归纳推理分为完全归纳推理和不完全归纳推理。完全归纳推理是指根据某类事物中的每一个对象（记住是所有对象），是否具有某种属性，推导出该类事物都具有某种属性的推理。推理形式如下：

S1是P

S2是P

……

Sn是P

S1、S2、…、Sn是S类的全部个体对象

则所有S都是P

举个例子：

南溪小学“五三班”班委会成员有：班长、学习委员、纪律委员、生活委员、体育委员、劳动委员，其中，

班长是男生，

学习委员是男生，

纪律委员是男生，

生活委员是男生，

体育委员是男生，

劳动委员是男生。

则可以推理出“五三班”班委会成员全部是男生。

完全归纳推理是在考察了某类事物中所有的个体对象，且结论断定的范围没有超出这类事物的范围的情况下，才是正确的。

不完全归纳是指根据某类事物中的一部分个体对象（记住是部分对象），是否具有某种属性，推导出该类事物具有某种属性的推理。不完全归纳又可分为简单枚举归纳推理和科学归纳推理。无论是简单枚举归纳推理还是科学归纳推理，都只是通过考察部分对象事物，而断定这类事物具有或不具有某种属性。

由上面论述可知，完全归纳推理通常适用于数量不多的事物，而不完全归纳推理通常适用于数量极多的事物。完全归纳推理百分之百是正确的，而不完全归纳推理则不是百分百正确。

下面再说一下演绎推理法。与归纳推理法相反，演绎推理法是由一般到特殊的推理方法，就是从一般性的前提出发，通过推导，得出关于个体的陈述或结论的推理方法。演绎推理法中推论的前提和结论之间的联系是必然的。结论蕴含在前提中，没超出前提的范围。举个例子：

昆西小学“五三班”所有学生都来自市区。

小明是昆西小学“五三班”的学生。

所以，推断出小明来自市区。

归纳法和演绎法是两种不同的推理方法， 它们相互联系、相互补充、不可分割。很多时候，对某件事的推导，既要用到归纳法，也要用到演绎法。只有两者同时运用，互为补充，才会实现真正意义上的闭环。换一句话说，闭环思维离不开归纳法和演绎法。

大侦探福尔摩斯常说的一句话是：排除一切不可能的，剩下的即使再不可能，那也是真相。虽然福尔摩斯常用的推理方法是演绎法，但是归纳法也是必不可少的。他常常是将结论和线索结合起来，作出多种合理的假设，然后再对假设进行反推，在反推的过程中验证假设，最终得出正确结论。

在《恐怖谷》中，线人涉洛克给福尔摩斯写了一份密码信，却没有给密码本。密码信给出了一个数字534，又给出一个符号C2。福尔摩斯假设534表示页数，C2代表一页两栏，再结合密码本有统一的版式，推断出密码本应是一本“年鉴”。

这里，福尔摩斯就运用了归纳推理，准确说是运用不完全归纳法推导出结论的，之后又运用演绎法推导出密码信的内容，最终完成了思维的闭环。后来随着调查的逐步进行，证实了福尔摩斯之前的推断是完全正确的。

在《六座拿破仑半身像》一案中，福尔摩斯根据被打碎的几座拿破仑半身像都出自同一模型推断出拿破仑半身像被破坏的原因可能与雕塑出自同一模型有关，并进而推断出作案者接下来会去破坏剩下的两尊出自同一模型的雕塑。

这里面，福尔摩斯运用的就是完全归纳推理法。在后续的调查中，福尔摩斯又结合运用了演绎推理，最终将案件的真相调查清楚。

华生是福尔摩斯生活中的好友和工作上的得力助手，一次，华生给福尔摩斯出了一个难题。他拿出一只表对福尔摩斯说：“现在我这里有一只刚得到的表，你能不能从它上面看出它原来的主人，并说出他的性格和习惯呢？”

福尔摩斯拿过表，仔细观察后说：“这只表是你哥哥的，是你父亲留给他的。”华生大吃一惊，就问他怎么知道的。福尔摩斯说：“按照习惯，凡是珠宝一类的东西，多是传给长子；长子又往往袭用父亲的名字。如果我记忆没有出错，你父亲已去世多年，所以我断定这只表是在你哥哥手里的。”华生吃惊得说不出话来。福尔摩斯又说：“你哥哥是一个放荡不羁的人，生活潦倒，偶然境况会好些，最后因为嗜酒而死。这都是我从表上看出来的。”

华生忙问：“为什么这么说？”

福尔摩斯说：“我认为你哥哥行为不检点。请看这只表，不仅上面边缘有两处明显凹痕，整个表的上面还有无数小划痕，这是因为习惯于把表放在有钱币、钥匙一类硬东西的口袋里的缘故。对一只价值五十多英镑的表这样不经心，说他生活不检点，总不算过分吧！”

“伦敦当铺的惯例是：每当收进一只表，必定要用针尖把当票的号码刻在表的里面。用放大镜细看里面，发现了这类号码至少有四个。由此得出的结论是：你哥哥经常贫困潦倒。有时，他的境况会好一点，否则他也没有机会去当铺赎回典当品。最后请注意，这有钥匙孔的里盖，钥匙孔旁边有上千个伤痕，这是由于被钥匙摩擦而造成的。清醒的人插钥匙，不是一插就进去吗？醉汉的表没有不留下这种痕迹的。因为他晚上上弦，醉后手腕发抖，所以才会留下这么多痕迹。”华生听后，十分佩服。

事实告诉我们，在处理某个问题或开展某项活动，特别是较为复杂的问题和活动时，归纳推理法和演绎推理法通常要结合运用，相互补充，才可能将问题厘清并处理圆满，最终实现真正意义上的思维闭环。当运用归纳法已无法满足要求时（“我昨天按增长曲线买进，实现了利润的增长，明天应该也能”)，就要运用演绎法去“追本溯源”，挖掘到问题的根源在哪里，然后对症下药，才能从根本上解决问题。

归纳法相当于通过已知获得经验，而演绎法则类似于“为什么”的追问，两者结合，建立双重思考模式，才可能提高工作的效率，让思维实现真正的闭环。

把问题作为思考的入口

人类认识世界和改造世界的过程，实际上就是一个不断发现问题、认识问题和解决问题的过程。所以，无论是理论研究还是实践工作，都要把问题当作导向，让问题指引前进。思维也是一样，需要把问题当作入口，围绕问题展开一系列分析、考量，最后采取合适的方式，解决问题。这一论断得到了大量事实的例证。

多年以前，美国西海岸有个码头，来往的商船很多，依靠此码头谋生的工人成千上万。每隔三年，码头工会都会与码头管理层进行一轮劳资谈判。工会要求管理层不要随意裁员，要保证工人工作的机会。为此管理层不得不放弃采用更先进的装卸技术，但是负面问题产生了，由于不采用先进的装卸技术，影响了装卸货的速度，码头的业务开始萎缩，利润出现缩减。

在新一轮谈判时，管理层把这一问题摆在工会面前，要求工会同意裁员，同时采用先进的装卸技术，以节约成本，增大利润。经过多次谈判，双方最后达成一致意见，工会同意取消之前的限定，而作为补偿，管理层同意拿出巨额资金给失业工人补偿。

事后看这件事会发现，这个协定虽然代价巨大，但与长期利益相比却是微不足道的。新营运模式的施行极大地提高了码头装卸货物的能力，工作效率较之前有了大幅提高，码头业务量激增，利润也大为增加。随着码头业务量的攀升，工人工作的机会和待遇也变得越来越多、越来越好，可以说多方获益。

从某个角度来看，是当初的问题引发了相应的思考，才有了后面一系列的决策、方案，没有最初的问题，也就没有后续的其他事情。

无论对公司还是个人来说，问题都是引发思考的入口，对思维的形成起着导向作用，所以要提高对问题的重视，包括对问题发生的背景、缘由、所起的作用、所造成的影响，以及解决的方式、方法，都要仔细考量、认真对待，揣摩清楚，然后制定有效措施，这样才有可能获得想要的结果。

瑞士手表享誉世界，几乎垄断了全世界的高端手表制造行业，但在 20 世纪 70 年代却经历了一次较大的危机。这次危机差点摧毁了瑞士的手表行业。日本手表制造商是这次危机的制造者，他们在参考瑞士手表的基础上生产出了一种跟瑞士手表一样走时精准，但成本却只有瑞士表十分之一的电子手表。

这种手表投放市场后，迅速迎来消费者热捧，对瑞士手表造成极大的威胁。瑞士手表制造商、销售商马上行动起来，但是最初他们错误地认为他们的手表质量还不够好，于是决定维持传统的手表设计，然后在质量上更加精益求精。新手表上市后他们提高了售价，可市场并没有像他们想象中那样好转。实际上，瑞士手表商作出的判断是错误的，他们搞错了问题根源，思考的方向发生了错误。

瑞士商人的错误给日本商人制造了一个更加好的机会，他们对手表工艺进行了进一步的改进，制造出当时世界上最薄的手表，这加剧了瑞士手表的危机。

瑞士商人终于认识到了错误，他们开始反思自身，重新审视产品设计，最后决定从产品款式和成本上下功夫。由于有着极为丰厚的技术积淀，一番折腾后，他们设计出多款既保持原有设计水准和精确度，同时价位又能为大众市场所接受的手表。这次产品投放市场后，迅速走红，迎来销售狂潮，瑞士手表由此重回市场垄断地位。

可以说，瑞士商人的正确思路为最终的胜利奠定了基础。

通过这次事件，人们再一次认识到，要把问题当作思考工作的导向。为此需要把问题研究透彻，不要被事情的表面现象所迷惑，努力弄清问题的实质，发现事情真正的矛盾，解决问题的实质核心，最终为思维形成正确的闭环指明方向。

在工作和生活中，我们遇到的问题大致可分为如下几个类型：

（1）对与错的问题。这类型的问题属于是非对错的判断问题。对这类型问题，依据各种信息判断其正误后，作出相应判断或决定即可。

（2）做不做的问题。这类型的问题与对与错问题略有不同，它不需要直接作出对与错的判断，而是在作出选择之后涉及对与错，并由此承担一些相应的后果，如“这次我们选不选择在国际展览会布展?”或“和佳能的合作今年还继续吗?”就属于此类问题。

（3）有多项选择的问题。这类型问题有多个选项，每个选项又可能涉及多个相应结果。这类型问题比较复杂，需要进行多方面的考量和逻辑分析，才能作出适宜的选择。

（4）没有答案的问题。世上并不是所有的问题都有清晰的答案，有相当多的问题比较复杂，影响因素多，短时间内是不容易作出解答的。对这类问题只能深入分析，探讨各种答案的可行性，最终作出判断和决定，并承担相应的后果。

对相对复杂的问题，或隐藏在真相下面的问题，要练就一双慧眼，能“雾里看花”，从全局出发，以战略的眼光及敏锐的洞察力看待问题，不被表面现象所干扰，能通过现象看本质，把影响事物、起决定作用的真正问题、因素找出来。

这就要求我们，一要努力提高对问题的察觉和认知能力，平时多掌握些专业知识，遇事积极思考，拓展思维，培养由表及里看问题的做事习惯；二是尝试站在更高层面看待、审视问题，进行稳健的思考，然后获得一个相对全面、准确的了解，为形成思维闭环打好基础。

闭环思维四个核心：计划、落实、内化、反馈

就闭环思维的单条线而言，它有四个节点，也可以说是四个核心，分别是：计划、落实、内化和反馈。计划是形成正向闭环的重要前提。对计划的重要性，美国企业家理查德·史罗马曾指出：“对一件方案，宁可延误其规划之时间，以确保日后执行之成功，切勿在毫无适切的轮廓之前，即草率开始执行，而最终导致错失该方案之规划。”

制订工作计划是为了更好地完成工作，顺利达成目标。通过制订计划，能够了解工作和项目的有关事项，了解完成工作需要哪些必要的步骤，知道每一步做完，下一步应该做什么，避免出现做完一些工作环节后茫然不知所从的状况，会大大提高工作效率和进程，还可以避免因忙碌而忘记一些重要的事情。对个人来讲，有效实用的计划还可以更快地提高个人工作能力、管理水平，发现问题、分析问题以及解决问题的能力。

计划通常需要兼顾两个要素，一个是时间，一个是质量。时间和质量兼顾，效率就会得到一定的保障，也才可能真正形成正向闭环。所以，做事之前，一定要制订一个涵盖时间和完成质量两项要素的计划，用这个计划去指导后续的行动。

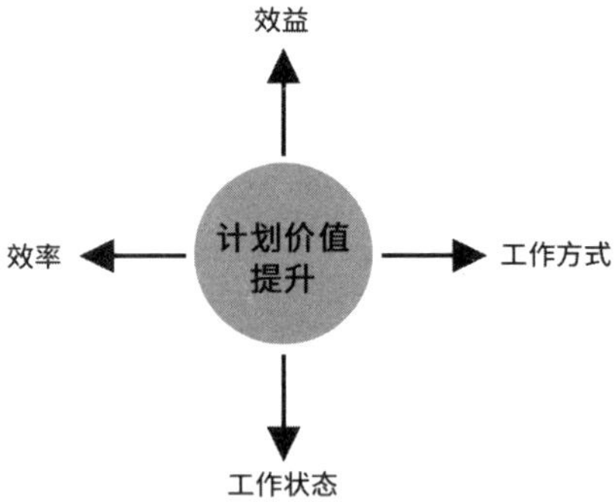

图 2-1　计划价值提升与效率、效益、工作方式、工作状态正相关示意图

从图2-1中，可以看出计划价值的提升与效率、效益、工作方式、工作状态等因素均有很大的关系。如果你的计划价值提升了，那么对你做事的方式、状态还有效益、效率都会起到促进作用，会有助于你提高工作效率，最终获得一个好的效益，可见，计划的意义非常大。

有了计划，就要积极去落实，要不然计划就失去了意义，也自然不会形成闭环。要注意的是，行动不等于落实，行动只代表行为动作的开始，而落实则更多体现了一个结果。

领导计划下周出差广州，让你去订下周三飞往广州的机票。你马上行动，却发现下周三飞往广州的机票售罄了。可是直到下周一晚上下班前你才将此事告知领导。领导急忙更改计划，忙得手忙脚乱。事后领导果断开除了你。

你认为自己冤吗？实际上，一点都不冤。你是行动了，可是却没有落实。很多时候，对方要的只是结果，而不是你落实不了的理由。没有机票了，看看有没有高铁票；没有周三的机票，看看有没有周二的机票。行动了却没有落实，这样的行动没有意义，不会形成闭环。这样的思维形式也自然不是正向的闭环思维形式。即便确实落实不了，也要及时告知相关方，以便有时间更改计划或采取补救措施，然后再进行新的落实。

内化是一个理解、消融计划内容的过程。实际上内化的环节是融入落实过程中的。当计划启动以后，执行人需要了解计划的内容，理解行动的意义，这样才能更好地落实计划，而这就是内化的过程。对落实复杂的工作来说，内化是必要的，同时也是十分重要的。

因此工作中，当你的领导向你布置需要你来完成的工作任务时，你一定要认真听，并就不清楚的地方向对方询问，避免因不清楚而使工作方向出现偏差，或者延误进程。在弄清你的工作任务之后，一定要静下心来仔细分析这个任务，将其细化，弄清楚流程和要点。

反馈是闭环思维的最后一个环节，这一点常常被忽略。一项工作，无论完成情况如何，都要在合适的时间反馈给发起人或相关责任方，这样才算“圆满”，同时也让工作变得有弹性，要做到事事有着落，件件有回音。比如前面所说的那个帮领导订飞机票的员工，如果在发现订不到合适的机票后，及时将情况反馈给领导，领导也好从容应对，或更改出行时间，或取消计划，不至于闹得手忙脚乱，甚至让事情变得不可挽回。

需要注意的是，反馈并不仅限于对最终结果的反馈，而应贯穿于执行的整个过程中。

另外，广泛意义上的反馈对象还包括当事人本身，在活动开展中，要适时将情况反馈给自己，问问自身：今天都干了些什么？哪些是计划内的事？哪些是计划外的事？我在哪个时间段做事高效？哪些事不用亲自去做，可以交给别人做？我经常被哪些事情打扰？如何避免？有哪些不足，如何改进？等等。

适时将情况反馈给自己，就能够清楚活动的进程以及所要面对和要解决的问题，然后有针对性地查缺补漏，改进不足，优化活动安排，保证自己做事方向正确、高效。

总而言之，闭环思维的这四个核心，也是四个环节，都非常重要，无论哪一环出了问题，都会影响到思维的连贯性，不是无法形成闭环，就是让闭环思维的正向性发生偏离，所以一定要重视起来，并精心设计安排和妥善解决。

闭环思维是一个内化再优化的循环过程

闭环思维不见得一定是正确的，但却一定会形成闭环，有始有终，首尾相顾，只有这样思维的各个环节才会衔接紧密，也才会相互支撑。公孙龙“白马非马”论就是个很好的例子。

战国时期，有一年赵国境内马匹流行烈性传染病，秦国为了预防瘟疫传入本国，就在本国城池关口贴出告示，严禁其他诸侯国的马匹入关。一天，赵国平原君的食客公孙龙骑着一匹白马来到关口，准备入城。守城的官吏将他拦住了。

官吏说：“你可以入关，但马不能进城。”

公孙龙狡辩道：“白马非马，怎么不可以入关？”

官吏说：“白马是马。”

公孙龙继续狡辩说：“如果这样说，那我公孙龙是龙吗？”

官吏一愣，但仍然坚持说：“按照规定，别国的马匹不能入城，管你是白马还是黑马。”

公孙龙微微一笑，道：“‘马’是就名称而言，而‘白’是就颜色而说，名称和颜色不是一回事。‘白马’分开来就是‘白’和‘马’或‘马’和‘白’，这是两个不同的概念。

比如说你要一匹马，那么给你黄马、黑马都可以，但是如果你要一匹白马，那么不论给你黑马还是黄马就都不可以。所以，‘白马’和‘马’根本不是一回事！白马自然非马了。”

官吏越听越迷糊，被公孙龙这套诡辩搞得晕头转向，一时间不知该如何对答，最后无可奈何只好让公孙龙骑马入关。

虽然公孙龙“白马非马”论是诡辩，但却因为形成了一个闭环，让守城的官吏找不到可“攻击”的地方，最终让公孙龙蒙混过关。

再看下面的例子：

有一天，苏格拉底的学生问苏格拉底：“什么是诡辩？”

苏格拉底没有立即回答，却反问道：“有一个干净的人和一个邋遢的人，他们同时去拜访某个人，这人烧了一大桶水请两人洗澡。你说，洗澡的会是哪一个人？”

有个学生立即回答道：“那个邋遢的人。”

“不对，洗澡的是那个干净的人，而那个邋遢的人之所以邋遢是因为不喜欢洗澡。”

学生想了想，说：“按照这样的逻辑，洗澡的确实是那个干净的人。”

但是苏格拉底却摇头道：“还是不对，洗澡的是那个邋遢的人，因为他需要洗澡。”

学生彻底糊涂了，问老师究竟谁该洗澡。苏格拉底答道：“两个都洗了，爱干净的人喜欢干净，所以又洗了澡；而邋遢的人需要洗澡，所以也洗了澡。”

学生恍然大悟：“我明白了，原来他们都洗了澡。”

苏格拉底叹了口气，说道：“你又错了。两人都没洗澡，干净的人不需要洗澡，而邋遢的人不愿意洗澡。”

这个学生有些郁闷，说道：“我在请教您什么是诡辩，而您却一直在和我说谁会洗澡。他们洗不洗澡与诡辩有什么关系呢？”

“你看，”苏格拉底平静地微笑着说，“我不是已经告诉你诡辩是什么了吗？”

苏格拉底怎么说都有理，可实际上却是在诡辩。虽然是诡辩，但由于每一次都能自圆其说，也就都让人无法反驳。

与此类似，安徒生童话《皇帝的新衣》中，那两个骗子也是完美地编织出一个思维的“环”，把所有人都“套”了进去。因为谁也不想当愚蠢的人，所以都被“套牢”，即便知道了是一个骗局，也不去打破，而“甘心”被“套”在里面，这样就形成了一个“死套”。

这启发我们，要想让我们的思维形成一个闭环，同时发挥它的导向作用，一定要先设法分析它、锤炼它、完善它，使它形成一个严密的闭环，这就是“内化”。“内化”之后再对其进行优化，使之更加地严丝合缝，没有可被攻击的“缝隙”。

内化加上优化，就会让闭环更加牢固。具体说，内化就是自己先要梳理清楚整个思维的链条，明确各个链条所起的作用，知道如何启动，如何衔接，如何相顾，如何使其发挥功用。优化就是在内化的基础上，充分发挥各环节的作用，以获得可能的最佳效果。

一个年轻人大学毕业后，进入了职场。他的理想是做一名区域品牌代理。但是，他面试了几家公司，都被拒绝了，拒绝的理由大同小异：

“你太年轻。”

“你缺乏相关工作经验。”

“你的沟通还有很多不足。”

年轻人没有气馁，而是积极做了思考：为什么几次被拒绝的理由很相似？大多数面试官真正在意求职人员的是什么？无非是求职者的资历、所求的待遇，还有是否能在公司长久干下去，其他的提问要么是围绕这几个问题进行的，要么就是无关紧要的。

考虑清楚这些问题后，在接下来的一次面试中，年轻人信心满满地对面试官说：

“贵公司这个区域的品牌代理的职位已经空缺了半年，想必再缺三个月也不十分要紧。我虽然年轻没有经验，但是我大学学的是相关专业，有丰富的理论基础，我可以先试着做三个月，我只要求公务费，不要工资，而且我自己有车，不需要公司提供。如果这三个月我能证明自己可以胜任这份工作，公司再以一半薪水雇我三个月，三个月后，如果我做得很出色，就正式录用我。还有，我对贵公司进行了很详细的调查，对贵公司的文化十分认可，我想如果我能成功留在贵公司，我会一直在这里做下去的。”

最后，年轻人被这个大公司录用了，而且是正式录用。

年轻人在面试几次被拒后，先是对被拒的情况做了理性分析，然后站在招聘者的角度分析对方的想法，继而得出判断，这是内化阶段。在下一场应聘中，年轻人根据之前自己总结出来的判断，分几方面做了恰到好处的阐述，成功打消了对方的顾虑，最终通过了面试考核，这是优化的过程。内化加优化，形成了一个较为严密的闭环，最终帮助他突围成功。

第三章

闭环思维让事情可闭合

闭环思维的一个重要功能体现就是可以让事情“闭合”，实现从设定目标到达成目标的完整循环。在这个过程中，务必要保证事情有始有终，环环相扣，不断裂，不卡顿。

凡事都要闭环化思考

凡事都要闭环化思考吗？不闭环化思考不行吗？不行的。不闭环化思考，从思维的角度来看，就是思考没有回路，不能自圆其说，不能让思维贯通到底。在这样思维指导下的行动必然会遇到各种问题，最后让自己举步维艰，甚至无法继续进行下去，相当于自己给自己设置障碍，所以凡事都要闭环化思考，举两个没有闭环化思考的例子。

一次，苏格拉底在市场上闲逛，看见一个年轻人站在市场中间面对观众激情洋溢地演讲。年轻人演讲的内容是关于美德的。苏格拉底听了一会儿，发现了问题，于是装着无知的模样，向年轻人请教说："请问，什么是美德呢？"

年轻人不屑地回答："这么简单的问题还不知道呢？好吧，告诉你吧，不偷盗、不欺骗就是美德。"

苏格拉底仍然装作不解地问："不偷盗就是美德吗？"年轻人十分肯定地回答道："那当然啦，偷盗肯定是一种恶。"

苏格拉底不紧不慢地说："我记得在部队服役的时候，有一次上级让我深夜潜入敌人的营地，把他们的兵力分布图偷出来，请问我这种行为是美德还是恶德呢？"

年轻人犹豫了一下，然后说道："偷敌人的东西当然是美德。我刚才说不偷盗，是指不偷盗朋友的东西。偷盗朋友的东西肯定是恶德。"

苏格拉底依然不紧不慢地说："还有一次，我的一位好朋友遭到天灾人祸的双重打击，对生活绝望了，于是买来一把尖刀放在枕头底下，准备夜深人静的时候用它结束自己的生命。我得知了这个消息，便在傍晚时分偷偷地溜进了他的卧室，把那把尖刀偷了出来，使他免于一死。请问我这种行为究竟是美德还是恶德呢?"

年轻人被问住了，半天不言语，最后涨红着脸承认自己的言论有些不当，然后拱手向苏格拉底请教"什么是美德"。

再看另外一个例子：

有一位老妇人，不管是晴天，还是雨天，她都非常不开心。一次，她找到一位禅师诉苦："我每一天都很忧愁，禅师您帮帮我!"禅师问什么事情让她如此忧愁。老妇人说："我有两个女儿，大女儿嫁给卖伞的商贩，小女儿嫁给卖帽子的商贩。如果晴天，我就担心大女儿家没生意。如果雨天，我就担心小女儿家没生意，因此，每一天我都很忧愁。"

禅师听后笑了笑："其实你应该每天都很开心呀。你要这样想：如果是晴天，小女儿家生意就会好。如果是雨天，大女儿家生意就会好。这样想你就不忧愁了，天天是好天。"老妇人听了，琢磨一下，还真是这样，从此再也不忧愁了。

那个年轻人没有让自己的思维实现闭环，无法自圆其说，而这个老妇人的思维虽然形成了闭环，但是，她所形成的闭环却不是正向的，偏离了方向，由此每天忧愁，但经老禅师一点拨，思维转向，形成新的思维闭环，顿时感觉峰回路转、柳暗花明，从而心绪豁然开朗。

一个农民没有上过大学，也没有接受过什么专业的培训，以种植农作物为生。神奇的是，无论他种植什么，他的农产品永远都是供不应求，总能卖个好价钱。有人问他有什么诀窍，是如何判断下一年某种农作物供求状况的。这个农民笑着说：“我没有啥诀窍，我就是比别人晚种几天，出去跑跑，看看周围村镇的人都种啥。种得量大的我就不种了，不管他们说前景多好也不种，因为虽然产量高，但是价格却上不去。我就种些人们不种的。”

这个农民可能不懂什么闭环思维，但却是遵循闭环思维去做的。从想到做，形成一个闭环，这个闭环让他不自觉朝着正确的方向前行，最终取得了令人满意的效果。

思考没有回路，就无法让思维首尾呼应，也就无法让自己的思维形成有效闭环，自然也就无法有效解决问题，所以做事或者解决问题之前，一定先要梳理一下自己的思维，看一看思维是否贯通，是否实现了闭环化思考。

新加坡旅游局曾给总理李光耀打了一份报告，抱怨新加坡除了一年四季直射的阳光之外，什么优势资源都没有，想发展旅游事业，实在是难上加难。李光耀看过报告后，只回复了一句话：“上帝给了我们最好的阳光，还需要什么呢？只要有阳光就够了！”

后来新加坡旅游局在此启发下，充分利用一年四季直射的阳光，在全国大范围种植花花草草，将城市打扮得像个花园，最终赢得了“花园城市”的美称，旅游业随之蓬勃发展起来。这就是闭环化思考的结果。

靠谱的表现就是做事闭环

我们常说某人做人、做事靠谱，实际上多半是说这个人做事具有闭环思维，处理问题有始有终，有反馈，有交代。与靠谱相对的就是不靠谱。不靠谱有多种表现，言而无信是不靠谱，做事敷衍是不靠谱，言行跑偏是不靠谱，虎头蛇尾也是不靠谱，丢三落四还是不靠谱。

在生活和工作中，不靠谱的人和不靠谱的事比比皆是。

鲍勃是一家外贸公司的老板，一次，他要到新加坡出差，并准备在一个国际性的商务会议上发表演说。出发前一天，他让助手彼得起草一份演讲稿。在动身前往新加坡的那天早晨，鲍勃问彼得："演讲稿弄好了吧，拿给我看看。"彼得一听傻了眼，他喃喃地说道："我还没弄好呢，我想您不是今天下午才动身吗，所以昨天就没弄，想上午再弄。"

鲍勃一听，脸色大变："怎么能这样？我原打算在动身前与同行的外籍顾问研究一下各项数据，现在你让我怎么研究？"彼得脸色一片惨白。

几天前老板杰西交代露丝做一个产品方案，今天快下班时，杰西问露丝方案怎么样了，做好了吗？露丝为难地说："老板，我的电脑出问题了，还没弄好。"杰西一愣，然后反问道："为什么不及时找人修理，还有出了情况为什么没有及时告诉我？现在我急需用这个产品方案和客户沟通，你告诉我现在怎么办？"

几个朋友聚在一起喝了点酒，其中一个人喝得有点多，由于另一人和醉酒的朋友住得比较近，于是大家就让这人送那个醉酒的朋友回家。这人拍着胸口说保证完成任务，可是直到第二天清晨醉酒朋友的家人打来电话询问，大家才知道那个醉酒的朋友昨晚没有回家。原来那人嫌麻烦，直接把那个醉酒的朋友弄到了自己家，却没有通知任何人。

简单说，靠谱就是你把一件事交给对方去办，而不用担心出问题，即便遇到什么突发情况，对方也会第一时间给你反馈，让问题得到及时妥善的处理。

正如上面所说，一个人要想获得靠谱的评价，就要做到事事闭环。对应上面的事例，可以看出什么是靠谱。彼得在接到老板鲍勃的工作任务后，其一，由于时间比较紧（第二天就要用演讲稿），所以应该马上就去起草，而不应拖到第二天上午再去写。其二，在写好后，要及时交给鲍勃看，以便有问题能够有充足的时间去修改；其三，如果因其他事耽误了起草，也一定要反馈给对方，好让对方有相应周全的准备。做到了这几点，才称得上靠谱。

还有杰西让露丝做产品方案的事，露丝不能以电脑出问题来作为没有做好的借口，正如杰西所质问的：为什么不找人及时修理，另外出了问题为什么不及时反馈给我？如果露丝在电脑出了问题（若确实出了问题）后，及时找人修理，然后再马上将情况反馈给杰西，最后即便没有在要求的时间内完成工作，相信杰西也会谅解的；在杰西的眼里，露丝是靠谱的。

总体上来说，靠谱就是做事能够做到闭环，再具体些说就是凡事有交代、件件有着落、事事有回音。做到了这几个环节，也就做到了事事闭环。

先说说凡事有交代。凡事有交代，就是你接受了一个任务，尽管有些时候，你不是心甘情愿接受的，但既然接受了，就要认真对待，并努力做好。最后做成了，给对方一个交代，没做成，也给对方一个交代。事情完成了，没有及时回复，就好像做事只做了99%，还留1%的遗憾，即便事情你完成得非常漂亮。

件件有着落，就是办事能落地，让问题能得到有效解决，这就要求做事要踏实，不浮夸。有些人做事情前喜欢说大话，纸上谈兵，听起来头头是道，蛮有把握，但真正着手去做时，却眼高手低，不是处理不了，就是敷衍了事，再不就是掩盖欺瞒，总之不能让问题得到很好的解决。就是说态度一定要端正。另外，要想让事情真正落地，不能光有态度，还要有处理事情、解决问题的能力。态度有了，能力具备了，才可能做到让事情闭环。

事事有回音，主要强调的是做事要有及时反馈的意识，无论事情完成得如何，是好是坏，都要及时反馈给当事人或者相关方。当然，这种要求不只限于事情完成后，也包含事情发展变化进程中的每个环节，具体说包含目标反馈、过程反馈和结果反馈。目标反馈就是在你接受某件工作或任务后，要了解工作或任务要达成的目标，然后就目标有个反馈，比如说目标定得过高，无法达成，或者目标设定得虽然不高，但不具备达成目标的条件，等等，需要有个相应的反馈。

过程反馈，就是反馈事情的进展情况，到哪一步了，遇到什么问题没有，如何解决的，等等。注意，千万不要领导或相关方没有问就不反馈，要主动及时反馈。反馈的一个好处是让对方了解进展情况，做到心中有数。另外，也能让对方及时发现问题，有时间纠偏和调整。通常可以按月、周、日时间节点反馈，遇到突发情况，则要随时反馈。

结果反馈，就是事情完成之后，将结果反馈给对方。要注意的是，要确保对方已经知道了你反馈的结果，而不要想当然认为对方知道了。

总而言之，一个人要想靠谱，做事闭环是重要且必要的。为此，一要端正做事的态度，能够正确看待事情和积极处理事情；二要提高处理问题的能力，做到有能力让事情闭环。

用曲线思维代替直线思维

有一位心理学家曾做过这样一个实验：将鸡和狗放在铁丝网的左侧，紧挨着铁丝网的右侧放有食饵，看鸡和狗究竟会做出什么样的动作。

实验开始后，出现了两个有趣的场面：首先是鸡，它径直向食饵方向冲去，结果被铁丝网拦住，吃不到铁丝网后面的食饵，于是在铁丝网前瞎转悠。

狗的情况如何呢？它先是一动不动地注视着食饵，然后环视铁丝网，以及旁边的墙壁，接着急促地跑向一边，绕过铁线网后，把对面的食饵吃掉。

在上面的实验中，鸡的行为体现出来的是直线型思维，而狗的行为体现出来的则是曲线型思维。事实上，我们在思考解决某一问题的答案时，也会做出与动物寻食饵极其相似的行为。有时像鸡那样，思维直接，扑向目标，有时则像狗那样，通过让思维转弯来达成目标。

那什么是曲线型思维呢？

简单来说，曲线型思维就是避直就曲，让思路拐个弯的一种思维方式，可以形象地称之为“U型思维”。

在解决问题的过程中，直线型思维是一种效率比较高且省时省力的思维方式。但是，许多问题的求解靠直线思维是难以实现的，这时采用曲线型思维去思考解决，往往能使问题迎刃而解。比如，有些话不能直言，得拐弯抹角地去讲；有些人不易接近，就少不了逢山开道、遇水搭桥；搞不清对方葫芦里卖什么药，就要投石问路、摸清底细；有时候为了使对方减轻敌意，便需要绕弯子，甚至用“环顾左右而言他”的迂回战术。这都是曲线型思维的体现。

面对问题时，当直线走不通时，就要考虑走“曲线救国”的路线，让思路拐个弯，形成一个闭环。在工作和生活中，直线走不通需要走曲线的事情可以说比比皆是。

有一家公司新购置了一批计算机及相关设备，有人提议应在机房安置几台空调，以保证人和机器在一个相对恒定的温度下工作。但是，领导却不肯批准，认为不是每天都需要在机房办公，所以没有必要再额外购置空调。虽然有人据理力争，但仍不能改变领导的决定。

有一次，公司组团到外地旅游，在一个文物展览会上，一位主管故意引导领导去看一些有破损的文物，领导便问解说员这是怎么回事。解说员解释说：“这是由于上面给的经费不足，没有办法为文物创造一种适合它们的环境所导致的。如果有足够的制冷保温设备，这些文物可以保存得更完善。”

领导听后，不禁感慨。此时，站在一旁的那位主管借机对领导说：“领导，咱们机房里装空调也是这个道理啊！”

领导沉思片刻，然后说：“回去打个报告给我。”

再看下面这个例子：

某国的一个南极探险队准备在南极过冬时，遇到了这样一个难题：队员们想把船上的汽油输送到基地，但由于输油管的长度不够，当时又没有备用的管子，所以无法输送。

正当众人一筹莫展准备放弃的时候，一个队员突发奇想，琢磨出一个方法。因为南极气温非常低，滴水成冰，所以可以考虑用冰做输油管。这名队员让伙伴将医疗上使用的绷带缠在铁管子上，然后往管子上面浇水，等水结成冰后，再拔出铁管子，这样就做成了冰管。如果管子不够长，可以将冰管子一截一截地连接起来，可以说要多长就有多长。

在实际工作和生活中，类似的例子有很多很多，解决的办法就是用曲线思维代替直线思维，再具体点说，就是把问题放到一个新的条件和环境下去处理，利用现有的条件把问题妥善解决了，最终形成闭环，千万不要“一条道跑到黑”，更不要“不撞南墙不回头”。

事前策划与事后闭环

关于一项活动能否取得预期效果的一个热点争议是：事前的策划重要，还是过程中的努力重要？答案是：过程中的努力固然重要，但事前的策划更重要。因为策划在先，努力在后；策划事关方向，努力事关结果。如果方向不对，再多努力也是枉然，不会获得想要的结果，所以首先要把精力放在事前的策划上。

一家月刊近一段时间陷入困境，管理者把原因归于广告费率的问题，因此采取多项举措，多管齐下，千方百计降低了广告费的投入，可是情况并没有得到好转。

在耐心对各项数据和事实进行深入调查和分析后，赫然发现：过去的成功是基于某段时间内成功扮演了消息类刊物，现在之所以衰落，根本原因在于本身削弱了消息类讯息的比重。市面上各种厚重的月刊已经供过于求，却缺乏轻薄精练的新闻性刊物。也就是说，如果将月刊向轻薄型新闻性刊物转化，就可能获得订户的欢迎，于是管理者决定将月刊打造成以新闻性消息为主要内容的周刊。

发展方向确定后，管理者迅速组织相关工作人员按照预定的方案对刊物的版面形式、版面内容进行针对性调整，接着又精心策划了营销方案，最终将改版后的刊物推上市场，如所期盼的，改版后的新刊物受到了读者的热捧。

我们无法预知未来，所以很多事情能否成功常常取决于我们的思维是否形成了正向闭环，是否精心策划了每一个行动，是谨慎小心还是鲁莽草率；是有备而来，还是临时兴起，有些人之所以做事经常遭遇挫败，之所以办事效率低，就败在做事缺乏充分的思考，轻率行事。实际生活中，很多人都有因草率行事而失败的时候，事实证明，任何一个草率行事的人最终只会让自己受到教训——本该完成的工作没有完成、本来简单的事情变得异常复杂。

我们的言行通常受情绪、成见、外界干扰或其他因素的影响，这都是不成熟、不理智的表现。就好像小孩子喜欢凡事“马上去做”，或过马路的时候没有注意两旁的来车，或在大太阳下跑到海边游玩结果却中了暑，等等，显然这些行为都是没有考虑到具体情况，没有经过精心策划，只凭冲动便贸然行事的幼稚行为。

“先了解你要做什么，然后去做。”对行事容易草率的人来说，这是非常好的提醒和忠告。假如决断和行动力是迈向成熟的必要条件，则预示我们所采取的行动，必须依据良好的分析与判断。这样才有可能形成良好的思考回路，用以指导行为，最终让事情获得满意的结果。

当初洛克菲勒实施收购炼油厂家的计划开始前，当地的炼油商们各自为战，竞争激烈。绝大多数炼油厂都在亏本，并一个一个都开始进入破产的边缘。

洛克菲勒首先仔细研究了形势并评估了自己的力量，决定将大本营科利弗兰作为自己发动统治石油工业战争的第一战场，待征服了那里的二十几家竞争对手之后，再迅速行动，开辟第二战场，直至将那些对手全部征服，建立石油业新秩序。

洛克菲勒首先在俄亥俄州注册成立了石油提炼公司，然后就开始了他伟大的“征服”计划。出于战略上的考虑，洛克菲勒选择的第一个征服目标不是不堪一击的小公司，而是最强劲的对手克拉克—佩恩公司。洛克菲勒主动约见了克拉克—佩恩公司的最大股东奥利弗·佩恩先生。洛克菲勒告诉对方，石油业混乱、低迷的时代该结束了，为保护无数家庭赖以生存的这个行业，需要建立一个庞大、高绩效的石油提炼公司……洛克菲勒的计划打动了佩恩，最后佩恩同意加入洛克菲勒的石油提炼公司。

洛克菲勒十分清楚，吃掉克拉克—佩恩公司意味着一个良好的开端，可以为其他炼油公司作一个效仿的榜样，果然在接下来不到两个月的时间里，先后有二十二家竞争对手归附于石油提炼公司的旗下。更让人惊叹的是，在此后三年时间里，洛克菲勒连续征服了费城、匹兹堡、巴尔的摩的炼油商，成了全美炼油业的唯一主人。

实践出真知，没有好的、科学合理的策划，休想形成一个良好的闭环，也别奢望能有一个好的结果。没有经过精心的策划，却获得了一个好结果，那是瞎猫碰上死耗子，幸运而已，可是谁也无法保证自己每一次都走运啊！所以，还是要把精力用在事前的调查和方案设计上。

戴尔·卡耐基先生曾访问过哥伦比亚大学院长赫伯·郝克先生。在访问过程中，卡耐基特别提到郝克院长的书桌十分整洁——因为像他这么一个大忙人，桌上通常会堆满资料或文件。“要处理这么多学生的问题，您一定要随时作出许多决定。”卡耐基先生说道：“但是，您看起来十分冷静、从容，一点都显不出焦虑的样子。请问，您是如何做到这一点的?”

郝克院长回答道：“我的方法是这样的——假如我必须在某一天作某一项决定，通常我都事先收集好各种相关资料，我并不浪费时间去设想该如何作决定，只是尽可能去研究与问题有关的所有资料。等我研究完毕，对情况就了解得差不多了，然后就在这个基础上设计行动方案，事情成功率可以达到百分之九十以上，这听起来十分简单，但事情就是这样。”

可口可乐曾一度主宰欧美软饮料市场，百事可乐无法与之抗衡，只能屈居其下。百事可乐曾试图与可口可乐较量，但一直都无法撼动对方的霸主地位。百事可乐集团的管理层经过仔细的市场调查后得出结论，是可口可乐独特的弧形状的瓶身让可口可乐占据霸主地位的，这种瓶身有几点好处，一是容易堆放，二是手感很好，三是相对结实，不易变形。

多年来，一定程度上，可口可乐的瓶身已经成为其产品本身的一种象征。为了对抗可口可乐的这个优势，百事可乐公司投入巨资搞瓶身研发。百事可乐的瓶身是“旋涡形”，虽然也很炫目，也够结实，但是却一直无法像可口可乐的弧形瓶那样深入人心。

百事可乐集团的管理层策划用一款新型的容量更大的瓶身包装来反击可口可乐的包装，这可能是可口可乐唯一的“弱项”，因为可口可乐弧形的瓶身无法再往大做。最后百事可乐在“加量不加价”的加持下成功追上可口可乐，使对方不再独霸饮料市场。

工作和生活中，我们常常看到这样的情况，在接受某个任务、工作安排，或者答应帮别人做事时，明智的人总是这样回答对方：“这事允许我好好谋划一下。”这提醒我们，工作中，当你的上级领导向你布置需要你来完成的工作任务时，你一定要认真听取，并就不清楚的地方向对方询问，避免因不清楚而使工作结果出现偏差，或者延误进程。

在弄清工作任务之后，要静下心来仔细分析这个任务，将其细化，然后写一份行动计划书。如果有必要，要把计划书呈给你的领导或者伙伴，让他们帮你鉴定你的计划是否可行。这样做的目的就是提高策划的精准度，以增大事情成功的概率。

不解决问题，本身就是“问题”

每个人一生中都会遇到无数问题，遇到问题就要想办法解决。这才是对待问题的正确之路，可是却偏偏有很多人讨厌问题，害怕遇到难题，遇到难题能绕则绕，能推就推，绕不过、推不动了，再硬着头皮面对。就没有想一想，如果遇到难题和挑战总是绕着走，不积极想办法去解决，如何能让问题得到解决，问题依旧在，又如何能让要做的事情形成闭环。

从前，有个麻风病患者患病多年，一直躺在路旁，依靠众人的施舍生活。

附近有一个神奇的水池，据说这个水池里的水可以治疗麻风病，有人把他抬到这个有神奇力量的水池边。但是他躺在那里多年，却没有往水池迈进半步。

有一天，一个天神来到他身边，问道：“先生，你要不要被医治，解除病魔？”

麻风病人说：“当然要！可是人心好险恶，他们只顾自己，绝不会帮我。”

天神听后，再问他：“你要不要被医治？”

“要，当然要啦！”病人有些激动。

天神说：“你前边水池里的水就能医治你的病！”

麻风病人说：“但是等我爬过去时，水都干涸了。”

天神听了麻风病人的话后，有点生气，再问他一次：“你到底要不要被医治?”

麻风病人说:“要!”

天神大声说:“好，那你现在就站起来自己走到那水池边去，不要找任何的借口。”

麻风病人被天神的威势吓到了，同时也深感羞愧，于是他努力站起身来，向前方的水池走去。一番努力后，他终于走到了水池边，然后他低下身子用手捧着池水喝了几口。

在天神的督促下，麻风病人每天坚持走到水池边喝水池里的水，真如天神所说，神奇的池水可以医治他的麻风病。一段时间后，缠绕他多年的麻风病奇迹般地消失了。

一天，爱迪生在路上碰见一个朋友，看见朋友手指关节肿了，便问:“手指为什么会肿呢?”

“我不知道具体的原因是什么。”

“为什么你不知道呢? 医生知道吗?”

“去过很多家医院，医生的说法不一，不过多数医生认为是痛风症。”

“什么是痛风症呢?”

“他们告诉我说是尿酸淤积在骨关节里。”

“既然这样，医生为什么不帮你把它从骨关节中取出来呢?”

“医生不知道怎么取啊。”

“为什么会这样呢?”爱迪生非常生气地问道。

“医生说，因为尿酸是不能溶解的。”

“这话我不信。”爱迪生说道。

回到实验室，爱迪生立刻着手进行相关的实验。他排好一列试管，每支试管内都灌入一些不同的化学溶液，每种溶液中都放入数颗尿酸结晶。两天后，他看见有两种液体中的尿酸结晶已经溶化了。就这样，爱迪生有了新的发现，一种医治痛风症的新方法也因此问世了。

遇到问题我们应该像爱迪生那样积极地去面对、去解决。要知道，问题不解决，永远都是问题，不会无缘无故消失，只有勇敢面对，积极想办法，才可能将“拦路虎”铲除。

一头驴不小心掉到一口枯井里，它哀怜地叫喊求救，期待着主人把它救出去。驴的主人召集了许多亲朋好友，大家纷纷出谋划策，但是始终想不出搭救驴的办法，最后，大家达成一个共识：驴已经老了，即使费劲救上来，也干不了活，还不如把它埋了，顺便把这口枯井填平。于是，人们拿起铲子开始填井。当第一铲泥土落到枯井中时，驴的叫声更加恐怖了——它显然明白了主人的意图。

又一铲泥土落到枯井中，驴出人意料地安静了。人们发现，此后每一铲泥土落在它背上的时候，驴都做一件令人惊奇的事情：它努力抖落掉背上的泥土，将泥土踩在脚下，把自己垫高一点。人们不断地把泥土往枯井里铲，驴也就不停地抖落掉那些打在背上的泥土，使自己再升高一点。就这样，驴慢慢地升到枯井口，在人们惊奇的目光中，潇潇洒洒地走出枯井。

在《肖申克的救赎》这部电影中，男主角银行家安迪被误判为枪杀妻子及其情人而被判无期徒刑。入狱后安迪不哭不闹，更没有自暴自弃，而是迅速调整状态，积极与狱警和狱友处好关系，不动声色为越狱作各项准备。由于他熟知各种税法，所以他教监狱的官员如何合法地避税，又帮助狱警处理各种税务问题。他不停地给州长写信，最终给监狱申请到了一笔钱用于图书馆的建设，还给狱友瑞德雕刻了国际象棋，还买了一副口琴送给了他，等等。

入狱19年间，安迪不停地努力改变着自己的处境，为逃离监狱创造了有利条件，19年后安迪终于挖出了一条逃离监狱的通道，并成功越狱，从此过上了自由自在的生活。

只有像安迪这样，当问题来了，积极勇敢地去面对，不惧怕，不懈怠，终有一天会让问题得到解决。从某个角度去考量，如果有问题不去解决，任问题一直存在，那本身就是一个“问题”。所以，要想让问题不复存在，事情形成闭环，首先要解决自身的问题。要勇于对问题负起责来。一个人如果不敢面对问题，不能解决问题，那他的生命价值就大打折扣了。

此外，在解决问题上，还要避免一个狭隘的问题，就是不要把自己局限在“不在其位不谋其政”上。现代社会是多元化社会，需要的是复合型人才，如果你多才多艺，是个多面手、斜杠青年，能解决非职责范围内的问题，势必会获得重视，从而为自己赢得晋升的机会。

假如你是名设计师，写文案不在你的职责范围内，可是如果你具备了写文案的能力，势必会让你的设计思路得到更充分的展现，一方面能够让问题得到解决，另一方面也让你的才华有机会得到展示，并由此可能获得你想象不到的机会，何乐而不为呢！

找不到解决办法，就改变问题

有些时候，因各方面条件所限，确实找不到合适的解决办法，这个时候，很多人可能会认为只有放弃了，可是闭环思维却告诉我们，如果实在找不到解决办法，那就尝试改变问题，建立一个新的闭环。

有两个人去非洲考察，没想到迷路了。两人在大草原上徘徊，不知道该怎么走，这时，一头雄狮发现了他们。一个人急忙从背包里掏出旅游鞋换上，另外一个人见了摇了摇头说："你跑得再快，也不可能跑过狮子啊，还是别费劲了。"换了鞋子的这个人说："我当然知道我跑不过狮子，可是我只要跑得过你就行啊！"

换鞋子的人当然知道自己跑不过狮子，危险情况下，这个问题是没有解决办法的。但是他却聪明地将难题转换为另一个问题，只要自己能跑过同伴，那么危险就解除了。生活中这样的例子有很多，先说一个历史中的例子。

优孟是楚国宫廷的一名艺人，擅长辩论。楚庄王有一匹爱马，由于过于喜爱，给它披华丽的衣服，把它养在豪华的马厩里，在它站的地方铺上柔软的垫子，可以说过着养尊处优的奢华生活。后来，马因吃得太好太多，患肥胖病死了。楚庄王很伤心，准备厚葬爱马。他不仅给马做了棺材，还准备用大夫的礼仪安葬它，更过分的是，他还下令文武大臣给死去的马戴孝。

群臣哗然，一致认为这样做不妥，于是纷纷上书劝庄王收回成命。楚庄王十分恼火，对群臣说："要是谁再敢对葬马这件事进谏，我就要谁的命！"

于是，群臣都不敢说话了。消息传到优孟耳中后，他来见楚庄王。刚步入宫殿门阶优孟就仰天大哭。楚庄王见他哭得这么伤心，觉得很惊奇，就问他因为什么事如此伤心。

优孟哭着说："我听说大王的爱马死了。我知道这匹可爱的马，是大王您最疼爱的。楚国是堂堂大国，用大夫的礼仪来安葬您的爱马，礼太薄了，一定要用国君的礼仪来安葬它。"

楚庄王见优孟不像其他大臣那样劝谏，而是支持他的主张，感到十分欣慰，于是接着问他："依你看，该如何办才好呢？"

优孟说："棺材一定要精雕细琢，用有花纹的梓木做外椁，用上等木材围护棺椁，派士兵挖掘墓穴，命男女老少都挑土修墓，让齐国、赵国的使者在前面开道，韩国、魏国使者在后面守卫，用牛、羊、猪来祭祀，再建一座庙，封它万户城邑，然后将税收作为每年祭马的费用。这样才能让各国都知道大王您多么爱您的马呀！也都知道大王您轻人重马呀！"

楚庄王听后，大为震惊，想了想说："寡人要葬马的错误竟到了这么严重的地步吗？那怎么办才好呢？"

优孟话锋一转："请让我为大王用葬六畜的办法来葬马：土灶作外椁，大锅作棺椁，姜枣作调味，木兰除腥味，禾秆作祭品，火光作衣服，把它葬在人的肚肠里。"

最终楚庄王听从了优孟的劝谏，将马交给掌管宫廷膳食的官员去处理。

再看一个现代的例子：

19世纪30年代，一种方便又廉价的圆珠笔流行了起来，很多人都喜欢用。紧盯市场的生产厂家自然加班加点大量生产，可是不久他们发现这种圆珠笔市场突然萎缩了。经过调查发现，原来这种圆珠笔前端的钢珠，因长时间的摩擦会变小，继而脱落；没了钢珠，笔管里的油墨就流了出来，弄脏了纸张和手，为书写带来极大的不便，于是人们就不再愿意用它。

很多研究机构马上投入人力、物力进行科研攻关，希望能改善笔管漏油的现象。他们做了很多实验，找了很多替代材料，最后发现钻石是很好的替代材料，但是钻石太昂贵了，根本无法普及，而且当笔油用完了，钻石笔头又怎么办呢？于是问题被搁置下来，一直到一个人出现。

这个人没费多大周折就解决了这个悬而未决的问题，他想既然找笔尖替代品的路走不通，那就试着改变一下问题，从解决笔油上入手。如果在笔尖漏油之前，笔管里的油墨恰好用完，不就没有漏油的风险了嘛。通过实验，他计算出当圆珠笔写到两万左右个字时，钢珠会脱落，笔尖处开始往外漏油，于是他定出笔管填充“最大油墨量”。

这个“最大油墨量”可供写一万七八千字，超过这个字数范围，笔管内就没油了，即便到时钢珠脱落，由于笔管内没有了油墨，自然也就不会漏油了。就这样，这个问题被完美地解决了。圆珠笔重新成为人们喜爱的书写工具！

很多时候，解决问题的办法并非只有一个，正所谓条条道路通罗马，当一条途径实在行不通的时候，不要钻牛角尖，更不要轻易放弃，可以转换一下思路，重新定一个方向，换一条途径重新走，可能就会柳暗花明，将问题解决了。

市场上有一种番茄酱，与同类产品相比，这种番茄酱黏稠度高，许多家庭主妇认为，这种酱使用起来应该不是很方便。由此，这种番茄酱的市场没有打开，销售不是很好。刚开始，经销公司也想调整配方，以降低黏稠度，但又觉得困难较多，且风险较大。于是他们重新考量了这件事，最后决定反其道而行之：把产品的缺点作为优点。因为黏稠度高，说明番茄酱的成分多，水分少，营养更加丰富，味道也更加纯正。

营销策略出台后，他们加大了宣传力度，逐渐人们改变了之前的观点，开始认可并接受这种说法。很快，市场销路被打开了，最终这款番茄酱成为当年调味品市场上最畅销的品种。

很多时候，我们面对的问题改变了，或者从问题的一面转到另一面，那么我们解决的办法也多半要换一换了，局面可能会因此而焕然一新，此时原先无法解决的问题或许就能轻易解决了。关键就在于要及时转换思维，重新建立新的解决问题的闭环。

对闭环方案进行初始评估

诸多的事实告诉我们，在理论层面上形成闭环方案后，有必要花时间对闭环方案进行初始评估，目的是看一下所做出的判断与形成的方案是否存在纰漏，这个过程可以称为闭环方案评估。具体来说就是在行动方案出炉之后，采用各种分析、评估和预测方法，对方案进行权衡、对比和综合评估。

对闭环方案的评估是行动开始前的最后一次审核，可以说非常重要，一定要给予相应的重视。下面这个例子可以说明对闭环方案进行初始评估的重要性和必要性：

悉尼歌剧院世界知名，是人人向往的旅游胜地和艺术中心，但很多人并不了解当初在建造这座宏伟建筑时所经历的波折。这座建筑最初的设计构想来源于丹麦建筑师约恩·乌松。当时他只提供了一个简单的草图，没有规划，也没有效果图。即便如此，澳大利亚政府的决策人员还是被优美的设计造型打动了，拍板采用这个方案。澳大利亚政府对这个项目的成本预算是700万美元，准备通过发行彩票来筹集资金，建造这座宏伟别致的建筑。

项目开始后，决策人员很快就发现，事情远没有他们想象的那样简单。首先工程浩大，而且施工难度很高。为了保证施工进行下去，澳大利亚政府不得不一次次增加工程资金投入，同时，为了加快项目进度，把整个项目分成三部分：地基、屋顶、其他建筑，并把这三部分分别承包给不同的建筑商。

虽然最终这个项目得以完成，但工程日期和工程资金却远远超出了当初的预算，当初成本预算为700万美元，而实际上却花费了1.07亿美元。工程日期也大大延长，从立项到建造完成，整整用了15年。这个结果最终导致了那一届政府倒台，后果可谓严重。

从这个事件中，可以看出对闭环方案进行初始评估是非常重要且必要的。初始评估要尽量从多个角度、多个标准分析、权衡，以最大程度保证方案能够形成有效的正向闭环。

第一，要看一下方案与目标的远近。通常从整体上看，越是接近目标的方案可行性越高。需要注意的是，由于目标可能是多层次性的，所以，要看方案对整体目标和各层次目标的驱动程度，去全面衡量，而不是单看对某个目标或某层次目标的驱动程度。

第二，要分析评估一下方案中的措施和实施途径，是否符合发展的客观规律和变化趋势，实施条件是否具备，是否实际可行。另外，要系统分析方案施行时可能遭遇的潜在的风险，问题多不多，影响大不大，严重程度以及有无补救措施。

第三，要对比看一下方案的利益和危害的大小。利大无害自然为佳，利大害小尚可考虑，害大利小坚决放弃。此外，还要看一下风险程度，风险程度越高的方案越要慎重。风险大，把握小，可考虑放弃。

第四，看方案的优化程度。优化是相对的。在现有条件下，最切实可行、最能取得理想结果的方案即为优化方案。

第五，看方案的韧性。在方案实施过程中，总会有一些预料不到的变化，这个时候非常考验方案的韧性和弹性，韧性好的方案能够接受一定程度的环境变化和意外情况的干扰，反之，则不然，因此，好的方案应具有良好的韧性和弹性。

通过上述各个方面对方案进行综合分析、权衡对比和反复严密的论证，最终得到一个经得起推敲的答案。

也可以从定性和定量两个方面对方案进行评估。定性分析主要是直接利用已经获得的知识、经验和能力，根据已知情况和现有资料，对方案作出相应的评价。对一些受外界因素影响较大、所含因素复杂而多变、综合性较强的方案，定性分析起着非常重要的作用。

定量分析是指对被研究对象所包含的成分的数量关系或所具备的性质间的数量关系进行的分析、比较。定量分析的结果常用“数量”加以描述。定量分析多用于对某具体研究对象进行的相关判定。要想对事物进行整体的、全面的分析和判断，需要和定性分析相结合。

对方案进行初始化评估后，会使整体思路越来越清晰，也让方案的利弊之处更明显，缺点会进一步暴露出来，这样就可以查缺补漏，进一步提高完善，让方案的完整度和正确率更高，对事情的正向驱动也就随之增强。

复盘思维不可少

“复盘”一词是从围棋中衍生出来的，原是指在对弈结束后，将对弈过程重新演绎出来，分析哪些地方下得好，哪些地方下得不好，哪些地方可以有更多、更好不同的走法。推广来说，就是将已经过去的事情重新“摆”出来，对其进行多方面的利弊分析，最终达到总结过去，成就未来的目的，可以简单地归结出一个公式：复盘=反思+总结+行动。

复盘思维很重要，也很有实效性，自古以来就受到了人们的重视。曾子曾说过：“吾日三省吾身”，就是我每天都多次反省自己，答应别人的事是不是尽心尽力去做了？和朋友交往是不是真诚了？老师教给的知识是不是复习过了？如此等等，体现出来的就是复盘思维。

曾国藩为了改掉自己身上的毛病，也“三省吾身”，他把自己的毛病一条条地写在纸条之上，然后挂在房间中，时刻提醒自己不要犯上面的错误。此外，还向朋友请教，自己在为人处世方面有哪些错误和不当之处。一个友人建议曾国藩每天坚持写日记，强迫自己去思考，去反省自身存在的问题，曾国藩遵照着做了。就是在这样的复盘下，曾国藩一步步改掉身上的毛病，完善己身，最终成长为人们眼中的“古今第一完人”。

苏格拉底曾说：“未经反省的人生是不值得过的。”正由于此，绝大多数优秀的人都具备像曾子和曾国藩一样的“复盘思维”，不断总结经验教训，不断改掉自身毛病，不断改进方法，最终提高了自身素质和解决问题的能力，人生也就愈发圆满。

闭环思维与复盘思维有着内在的紧密联系。对于个人来说，掌握复盘能力，可以让自己清楚地认知到个人目标和工作任务未完成的原因，找出差距，并及时进行纠偏。

举例来说，在我们开展某项工作过程中，遇到感觉无法解决的问题时，我们需要及时复盘，梳理一下内外因素，看有没有将相关的内外因素都考虑齐全，如审视一下自己，看是不是自己的某些决策有误，导致问题出现偏差；还有看看是不是流程有问题，以及合作的同事是否配合不及时或出现错误，等等。诸多的事实告诉我们，及时的复盘，会让错误的行为得以早发现、早纠正，并进而推动事情朝着正确的方向发展。

一个完整的复盘过程通常包含回顾、评估、反省、总结和提高五个方面。回顾就是对过去已经发生的事情进行回想，其中对目标的回顾十分重要，它会提醒我们复盘应该朝着什么方向进行；评估就是对自身的行为进行评价，看哪些地方做得好，哪些地方做得不好，好在哪里，不好在哪里，然后找出差距；反省就是对不当的行为进行审视，找出失败的根源，这是复盘的核心所在；总结就是推演出规律，找出要改进的地方和提炼出经验教训，用以指导今后的实践；提高就是在前面环节的基础上，将总结出来的经验教训，应用在后面的各环节中，巩固之前做得好的地方，争取好上加好，同时避免之前所犯的错误。

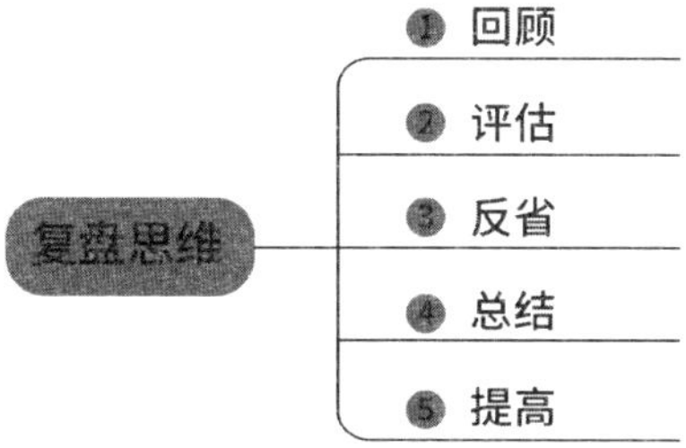

图 3-1　复盘思维的五个方面

复盘要有一定的深度，不能浅尝辄止，浮于表面，那样只会陷入低水平的循环，无法实现认知上的突破。试想一下，如果只是走走形式，势必无法发现存在的问题和隐患，或者即便发现了问题，也没有给予应有的重视，那么问题和隐患依旧存在，复盘也就失去了应有的意义。

很多时候，一个人能否成功，并不取决于他的学习速度是否快，他的思想是否超前，而取决于他是否会及时复盘。我们所有的经验和知识，只有经过实践后的复盘，才能真正转化为自己的能力。此外，复盘还有一个神奇之处，那就是它不只限于对眼前所进行的事情发挥作用，在洞悉事物的规律和本质后，能融会贯通，辐射到其他事物的处理上，做到万事尽通，提高事情的成功率。

事实证明，掌握了复盘思维，并进一步养成复盘思维的习惯，就会提高认知，精进技能，及时修正谬误，减少不必要的失败，节省资源和人力，发现有效的做事方法和技巧，从而使事情朝着正确的方向快速前进，更快实现成功。

复盘隔一段时间就要进行，要保证一定的频率，以便及时发现问题，及时纠偏，同时提高效率，要尽可能地按季、月进行，如果有必要，甚至每一周、每一天都要进行复盘，复盘频率越高，思维迭代就越快。当然，不能总是复盘不去执行，复盘后要及时执行。

闭环化思维就是多想一点

有些时候，闭环思维就是让“思想”多飞一会儿，也就是凡事多想一点，考虑周全一些。比如一个部门经理带秘书参加产品发布会，在头一天，经理问秘书准备工作做得如何了。秘书说会议用的PPT按参会的人数已经打印好了；每个笔记本都带了外接电源，鼠标电池也换新的了……经理听后，又建议PPT多打印几份，鼠标电池多备一些，等等。

秘书有些不解，就问经理：为什么要多带一些，没有必要啊？经理说，事有无常，凡事有备无患，如果客户多来了几人呢？如果带的电池不好用呢？如果会议室电源出了问题呢？多准备一些，即便出了问题，也不至于惊慌失措。

类似的问题在生活和工作中，是十分常见的。事实上，许多意外情况的发生都是源于我们没有提前做好周全的准备，万事想当然，等问题出现时束手无策。实际上，这种情况绝大多数时候是可以避免的，只要我们事先多想一点，方案多准备几套。

那些精明的商人总是努力让自己多想一点，努力让自己的思维产生更多的“附加值”，这样就将自己置于了一个“思想高地”，也由此走在了很多同行的前面。

一次，一位做铜器生意的父亲问儿子：“一磅铜的价格是多少？”儿子回答说：“35美分。”父亲有些不高兴，对他说：“几乎所有人知道一磅铜的价格是35美分，但是作为我的儿子，你应该说是

35美元或者更多，如果不信，你可以将一磅铜制成一把乐器试试。”

父亲去世后，儿子一个人经营铜器店，他做过铜鼓，做过手表的簧片，做过奥运会的奖牌，他将一磅铜的价格卖到了几美元，甚至更多。因为他一直没有忘记父亲的教诲：“当所有人都认为一加一等于二的时候，你要让它等于三或者更多。”

在精明的父亲的教导下，儿子也变得聪明起来，学会了让自己“多想一点”，正是在这种思想的启迪下，儿子最终也像父亲一样成了一个会赚钱的生意人。

同样是被苹果砸了一下，普通人可能爆一下粗口，大声道一声“好疼”，然后一脚把苹果踢开，而牛顿被砸了一下，只是多想了一点：为什么所有物体都会最终掉落到地面上来？就是因为多想这么一点，万有引力定律诞生了。

多年的职业生涯，让福尔摩斯养成了凡事多想一点的习惯，正是“多想一点”让他屡屡在看似平淡无奇的杂乱线索中，发现真正有价值的线索，为破案指明方向；也正是“多想一点”，让他不被假象所干扰，抽丝剥茧，去伪存真。

在《惹祸的遗嘱》一案中，遗嘱潦草的字迹没有引起苏格兰场警探的过多关注，没有去想一想字迹为什么会如此潦草，而福尔摩斯却想，遗嘱如此重要的东西，怎么会以如此随意的方式拟写？这里面是不是有什么玄机？就是在“多想一点”的基础上，福尔摩斯的思维被引发，最终推断出只有没有准备让这份遗嘱生效的人才会如此随意拟写。如果是这样的话，那写遗嘱的人就是重点怀疑对象。后续的调查证明了福尔摩斯的推断是正确的。

在《雷神桥疑案》中，福尔摩斯也正是因为“多想一点”，让案情有了新发现。在案发现场，死者的手里攥着写有约会时间和对象的便条，对此，众人没有多想，也都没有觉得不正常，只有福尔摩斯延伸了思维：在会面的时候还有必要再拿着约会的便条吗？此外，在嫌疑犯的衣橱里发现了作案用的手枪。福尔摩斯又“多想一点”，哪个罪犯会在犯罪后，将凶器藏匿在私人物品中间。正是这诸多个“多想一点”，把真相最终推到了大众面前。

在生活和工作中，做任何事情都要养成多想一点的习惯，不要仅仅限于完成任务，要经常问问自己，这件事是不是就这样结束了，是不是还能做得更好，有没有更好的方式。坚持这样想并付诸行动，最终你会发现收获了更多。

有几个年轻人大学毕业后进入一家牛奶企业做销售，主要负责和超市的对接及饮品的推广。刚步入社会的大学生都很有热情，也都很用心地去工作。同样的起点，同样的资源，可是一段时间后，差距还是显现了出来，其中一个年轻女孩逐渐脱颖而出，自第一次成为销冠之后，一直遥遥领先于其他同事，成为这几个年轻人中的佼佼者。

在一次公司内部交流会中，年轻女孩道出了成为销冠的秘密。原来，除了按照公司要求每天去超市查看自己负责的产品销售情况以外，她还额外做了一些事。她想超市饮品那么多，顾客看得眼花缭乱，很难发现自己的产品。如何做才能让顾客发现呢？一番思考后，她别出心裁地做了一些精致的小彩旗广告牌，上面简明地写明品牌、功用、适应人群以及优惠项目等信息。在征得超市管理者同意的情况下，她将这些精致的彩旗广告牌插在自家产品上，成功吸引了顾客。

很多时候，就因为凡事多想那么一点点，就可能让事情有了更好的发展方向，糟糕的局面有了可回旋的余地，从此柳暗花明，最终皆大欢喜。

第四章

闭环思维让结果可预测

闭环思维可以看作是对事物运行发展规律的一种科学的预测方式，可作为后续行动的指南，所以一旦我们掌握了事物运行的规律，就可以先期利用闭环思维对其进行预测和设计。

一切皆可设计

世间万事万物皆有规律可循，也皆可设计。之所以我们经常有无从下手之感，主要原因在于还没有发现和掌握事物潜藏的运行规律。一旦掌握了其中运行的规律，那么就可以预测和设计了，也就可以形成思维的闭环了。

很多人都玩过猜石子游戏：一个人手里握着一颗小石子，双手举拳，让另一个人猜。猜对赢一块钱，猜错输掉一块钱。这个游戏可视为一个“零和游戏”。显然，小石子要么在左手，要么在右手。猜的人要么猜对，要么猜错，双方必然一输一赢，而且输赢的概率是百分之五十。看起来没有什么技巧，只要不具备透视眼，就无法事先知道小石子握在哪只手里。

事情真的无法预知吗？不是的。无法预知只是头几次的情况，一旦猜者留意到出题者习惯把石子握在右手，或者每玩一次就换手，或者其他某种规律性，就可以形成思维闭环，提高猜中的概率。同样，如果出题者注意到对手总猜右手，或者每次都换手猜等，也可以反其道而行之，打破规律，重新设计，建立新闭环，进而赢下游戏。

这不是理论上的推测，而是有实据的。信息论创始人香农发明了一个猜测机器人跟真人玩这个“零和游戏”，最终猜测机器人成功击败对手。只因为机器人发现并掌握了真人的运作规律，然后将其反馈到“大脑”，再用以指导行动，进而赢下比赛。

设计是为目的服务的，是朝着目标靠近的，通常情况下，只要设计合理，目标多半会实现，或者说，只要设计得科学合理，在规则允许的范围内，一定程度上结果就可预测。

一次篮球锦标赛中，甲队与乙队相遇。当比赛剩下8秒时，甲队以3分优势领先，正常情况下，甲队可以稳操胜券。但是，那次锦标赛采用的是循环制，甲队至少要赢6分才能胜出，要不然就失去晋级的机会。可要用仅剩的8秒钟再赢3分，显然已经无法做到。

这时甲队教练突然请求暂停。暂停后比赛继续进行，就在这时，球场上出现了令人惊讶的一幕，只见甲队一名队员突然运球向自己的篮下跑去，并迅速起跳投篮，球应声入网。全场观众目瞪口呆，比赛时间到，裁判员宣布双方打成平局，明天上午双方进行加时赛。这时，观众似乎才明白过来。

甲队脑洞大开的巧妙安排，为自己创造了一次重新胜出的机会。第二天的加时赛，甲队终于赢了这关键的6分，如愿以偿地出线了。

微商曾经火爆一时，其新奇的方式和可观的效益让很多年轻人跃跃欲试。女孩安安大学学的是电子商务，她见周围许多人都做微商，也准备尝试一下。她没有急于投入运营，而是先调研了一番。调查后她发现，只在微店发布信息，即便价格很低，成交量也很有限，原因在于：一是微店的流量不大；二是同行都在大打价格战。

调查清楚后，安安注册了自己的茶叶微店，并开始运营。一方面她在微店上宣传推广产品，另一方面在抖音、快手、小红书等流量平台通过短视频宣传产品。一份简单的茶叶，经过精心的包装和多角度拍摄，用一个唯美的意境呈现出来，同时，再配一些健康小知识，让整个小视频充满了茶香的味道，档次瞬间跃升了几个层次。

同时，她又在自己的微博中发布一些精美的软文，软文中有很多泡茶方面的视频，虽然视频不长，播放量却很高，点赞量很多。就这样，安安通过多元化营销，精确引流，极大地提升了微店的知名度，相应的销售量也翻了几番。

一切皆可设计，从某个角度上讲，运气也是设计的结果。在很多人眼里，运气是随机的，无法掌控，因此只要发现有人在职务上获得了升迁，在买卖中赚了钱，或在某一领域取得了成功，往往就会说："这个人运气真好！"实际上他们的好运气绝大程度上都是他们设计的结果，都来源于每一次成功的设计，可以说每个人都是他自己命运的设计师。

从前有一个小伙子是个驼背，他爱上了一个商人的女儿，爱得很固执。这事情看起来很可悲，小伙子不仅家贫，而且相貌也不好，却爱上了商人的漂亮女儿，按常人的观点来看，肯定不会有什么好结局。但事实是，这个小伙子却成功与这个商人的漂亮女儿结为终身伴侣。

他是怎么做到的呢？如果你以为这个商人的女儿不爱漂亮的小伙子，那就大错特错了。她和所有青春期的少女一样，一直幻想着能找到一位迷人的白马王子，她甚至认为，只有相貌英俊、家资丰厚的漂亮小伙子才能配得上自己，做自己的夫君。刚开始的时候，她始终没有正眼看过这个驼背小伙子，甚至还嘲讽过他，认为对方的想法是可笑的。

但小伙子一点儿也不气馁。有一天，他找到了这个女孩子，鼓足勇气问："我想知道，你相信缘分吗？"年轻的女孩子哪有不相信缘分的，于是女孩子答道："我当然相信！你相信吗？"小伙子看着女孩子，认真地回答："我当然也相信！而且我已经知道我未来的新娘是谁了。我听老人们说过，每个男孩子在出生之前，上帝都会告诉他将来要娶的是谁，所以在我出生的时候，上帝已经给我许配好了未来的新娘。可是上帝还告诉我了一件事，我的新娘将会是个驼背，于是我向上帝恳求，希望他能把我的新娘的驼背赐给我，让我的新娘可以漂漂亮亮。上帝同意了我的要求，所以我变成了如今的样子。”

小伙子的眼神显得十分真诚，女孩子看了，忽然间觉得他的驼背其实一点儿也不丑。一年之后，他们结婚了。

这个小伙子可以说是个设计高手。从设计的角度看，我们将一件事做得天衣无缝，把话说得滴水不漏，一定是设计的结果。如，某个人想当一名建筑大师，想盖有特色的建筑，就要去学建筑学方面的课程，学成后，梦想就可能实现。若不遵循这个套路，随心所欲发挥创造力，想当然地去搞设计，就像堆积木，那肯定是不行的。

闭环思维对结果负责

世上的事，有因才有果，有果也必有因，“因”是条件，“果”是结论，因此可以通过“因”推测“果”。这是思维闭环让结果可预测的一个重要理论依据和主要特征表现。

一次，有人在福尔摩斯和华生的房间的桌子上遗留下一根烟斗。福尔摩斯通过烟斗的修补费用推测出烟斗必为主人所珍爱：烟斗原价七先令六便士，修补过两次，每次修补用的都是银箍，修补费用远超烟斗原价；通过烟斗里的烟丝推测出对方是一位有钱人：烟丝为格罗纳板烟，八便士一盎司，价格昂贵；又通过被烧焦的烟斗的一侧推测出对方是一个习惯用左手做事的人，还通过被咬破的琥珀烟嘴，推断出对方一定身体强健。

后来，这些推测都被事实所证明。福尔摩斯的“因果”倒推法再一次取得了成功，也间接证明了好的思维是可以闭环的。

我们都知道伽利略的“比萨斜塔自由落体实验”。亚里士多德认为：物体下落的快慢是由物体本身的重量决定的，物体越重，下落得越快；反之，则下落得越慢。这个理论一直影响了亚里士多德之后的两千余年，一直到伽利略提出相反意见。

伽利略是如何想这件事的呢？他做了这样的推想：有两个物体，一大一小，大的重，小的轻，同时从高处落下，按照亚里士多德的理论，大而重的物体先落地。如果把这两个物体“绑”在一起落下，重的物体会因轻的物体的“拖累”而下落变慢，那么“绑”在一起的合体则会比单个重的物体后落地，这就产生了矛盾。由此，伽利略推断，亚里士多德的理论是不对的，物体下落的速度应该不是由其重量决定的。

1589年，伽利略在比萨斜塔做了一场震惊世界的实验，那就是“比萨斜塔自由落体实验”。实验证明了伽利略推断的正确性。伽利略先是做了科学的推断，然后再做实验。实际上，在实验之前，伽利略心里基本上已经对实验结果有了清晰的判断。

从猜想到推理，又从推理回到理论，最终导出矛盾，得出新结论，形成了一个完整的思维闭环。这个思维闭环又指导了后面的行动。所有过程环环相扣，又顺理成章，结果也在预料之中。由此可见，在一定程度上，思维的闭环的确是能够让结果可预测的。

一群强盗劫持了一个商人，并将他捆在树上准备杀掉。为了戏弄这个商人，强盗头子对他说：“你说我会不会杀掉你，如果说对了，我就放了你，决不反悔！如果说错了，我就杀掉你。”强盗们都认为，不管商人怎么说，都逃不脱他们的手掌。

聪明的商人仔细一想，便说了一句话：“你们会杀掉我的。”强盗们听后，面面相觑，有些发呆：“哎呀，这该怎么办呢？如果把他杀了，那么他就是说对了，那应该放了他；如果把他放了，那他就是说错了，应该杀掉才是。”强盗头子左右为难，最后只好将商人放了。

商人的思维形成了一个闭环，使强盗无论怎样做，都必定与许诺相矛盾。在说之前，商人肯定在心里快速进行了一番推演，发现只有这样说才会让自己逃脱灾难。而如果他说：“你们会放了我的。”这样，强盗头子就可以说：“不会！我会杀掉你的，你说错了，应该被杀掉。”这样商人就难逃一死了。

麻省理工学院的一个教授曾作过一个惊人的预言，他说在某航空公司营运状况良好的情况下，用不了多长时间该公司一定会破产。此预言一出，众哗然。有人认为他胡说八道，有人说他疯了，还有人怀疑他与这家公司有深层次的关系。惊人的事情发生了，他的预言竟然变成了现实，两年后，这家规模庞大的航空公司真的倒闭了。

难道这个教授是个先知，有预知未来的特异功能吗？当然不是，这个教授只是一个普通的大学教授，他之所以能准确地作出预判，仅仅是因为他了解到这家航空公司的管理和运行机制存在致命缺陷，短时间营运可能不会出问题，但是长时间必定会出现连锁反应，而且结果不可逆。正是基于这样的思维闭环，他断言这家航空公司不久就会倒闭。

实际上，不但可以由“因”索“果”，同样也可以由“果”推“因”，这也是闭环思维可以循环的一个特点。

实际上在福尔摩斯侦破的案件中，由“果”索“因”，倒推还原事情真相的桥段十分之多，在“血字的研究”一案中，福尔摩斯根据屋外黏土地上的脚印，推断出凶手的年龄；根据在墙上写字的高度，推断出凶手的身高；根据死者的嘴唇传出来的味道，推断出死者一定死于中毒。

为什么闭环思维能够让结果可预测呢？闭环思维有些类似于逻辑学中的演绎推理法。演绎推理法是一种确实性推理，是从若干个前提条件出发，按照条件之间的必然逻辑关系，一步步推理，最终推导出结论的思维方法。由于它的推论前提与结论之间的联系是必然的，所以可以一步步推导出结论，并且结论也是正确的。

既然有了这层关系，我们就可以利用和发挥闭环思维的这种特点，确定各种“因”，由“因”索“果”，或者制造“因”，获得想要的“果”。

能力要与责任相匹配

有人说：有多大能力，就有多大的责任。就是说能力要与责任相匹配。能力与责任相匹配，有一个明显的好处，那就是在一定程度上能承载起自己所负责的事情，再简单一点说，就是不好高骛远，能胜任自己的工作。这看似没什么，但实际上却非常重要。

孔子曾说：“不在其位，不谋其政。”这是有一定道理的，当你不在某个位置上，就不要轻易去谋划这个位置上的事。其中有两方面的含义：一是你不在某个位置，你就没有权力和资格来对相关的事指手画脚。如果你非要越俎代庖，强加干涉，那就容易引来当事人的反感，甚至会由此产生大的纠葛。二是由于你不在某个位置，可能不具备相关的知识和技能，这种情况下，你自以为是地插入进来，那么极有可能因相关能力的缺失，让本来简单的事情变得复杂，甚至导致不好的结果发生。

集团公司有三个部门，A部门负责市场调研和出产品方案，B部门负责对A的成果进行优化，C部门则在B的基础上进一步优化。本来各司其职按部就班就可以了，但是A却对B、C的工作不满意，说不是自己想要的样子，要B和C部门按照自己的意见修改。

客观上说，虽然A提出的一些意见是有道理的，但是其做法却带来两个不好的结果，一是A贸然干涉自己部门职责范围外的事，引来了B部门和C部门的不满。因此虽然B和C表面上没说什么，但却不配合工作，使A的想法很难向前推进。二是A部门虽然能力上稍胜一筹，但是还不足以完全负担起B和C两部门的工作，所以在B

和C撂挑子将全部工作都丢过来后，A又搞不定，最后致使工作不得不停顿了下来。

对此，A部门要承担大部分责任，正是其不当的行为让事情变得糟糕起来。这告诉我们，当你的能力还不足以让你可以无所顾忌的时候，不要贸然承担更大的责任。

正所谓“不可为而为之，必受惩罚”。当你超出你的能力范围去负更大的责任时，你的精力和时间会因工作的增多或难度的增加而被分割，更大的问题是，即便你付出了你所能付出的时间和精力，也未必能让事情有个好的结果，这样势必会落得吃力不讨好的下场，甚至会遭受谴责和惩罚，而这一切都是不自量力的结果。

这并不是在打击可贵的为梦想奋斗的热情，也并不是说人不能有更高追求和渴望，而是一定要量力而行，不可好高骛远，总要“跳一跳，够得着”才好。

当你对自己的能力有了较为准确的把握后，你就知道自己能承担得起多大的责任，此时你的行事也就让人觉得靠谱了，负责的事情也就容易形成闭环了。

曾有一个很有才华的年轻人，志向远大，一次偶然的机会有幸结识了一个美国商业巨头。这个商业巨头对这个年轻人很看好，说愿意帮他实现自己的人生目标。可是年轻人的人生目标让这个商业巨头大吃一惊。年轻人告诉商业巨头，自己的目标是要赚1000亿美元。要知道年轻人的目标要超过这个商业巨头当时所拥有资产的百余倍，难怪让这个商业巨头震惊。

商业巨头自知无法帮年轻人实现他的人生目标，于是对他说：“你这个人生目标太大了，我无法帮到你。在我看来，假如一个人拥有这些钱，会对世界造成威胁的，我看你还是定个实际的目标吧！”年轻人若有所思地离开了。两年后，这个年轻人再次来见商业巨头，说他想办一所大学，需要启动资金20万美元，而自己已经有了一半，希望商业巨头帮着筹划另一半。

商业巨头看过年轻人的计划方案后，认为可行，于是答应了年轻人的请求。五年后，年轻人通过自己的努力如愿以偿成功地创办了大学。

总之，我们要把能力与责任看成一个整体，有多大的能力，就承担多大的责任，总体上要达到一个平衡，当能力还无法匹配更大的责任时，就不要贸然承担更大的责任，要把事情掌控在自己能力范围内，要能够推演事情向什么方向演变，要知道经历哪些环节，会遭遇哪些风险，自己又该如何掌控，这种情况下，才有可能让事情形成闭环，未来才真的可期。

及时止损也是一种闭环

一个入职互联网大厂一年的员工，每天都很忙，忙于做一些烦琐的运营工作：做推荐、审内容、管后台、填数据、做报表……终于有一天，他实在忍受不了这份枯燥的工作，找到部门经理说："经理，我现在所负责的工作不能说没意义，可是它过于机械，缺乏创造力，一个高中生就可以做得很好，我想尝试更有挑战性的工作，请您调一个适合的岗位给我。"

部门经理考虑了一下，答应了他的要求。

位于美国西部的加利福尼亚州发现金矿时，各地淘金者蜂拥而至。一个年轻人也怀着淘金美梦加入淘金行列。然而事实远不及传说美妙。这里遍地的不是黄金，而是一望无际的沙漠。人们的疯狂开采，加之还在陆续涌来的淘金者，让这里的黄金几乎消失殆尽，他们中的绝大多数连一块金子都找不到。可不远万里、长途跋涉而来的淘金者们却不甘心，他们坚信明天幸运就会降临到自己头上，所以他们依旧在疯狂涌入。

荒漠气候干燥，每年的降水量少得可怜，包括这个年轻人在内的淘金者都为奇缺的水源所困扰。年轻人隐约觉得，不能再这样继续下去了，要不然只会越陷越深。一天，他听着同伴的抱怨，转念一想：既然淘到金子的希望如此渺茫，而人们又都需要水，我何不去卖水呢？

于是，他毅然放弃淘金，来到距离金矿30里外的一条小河挑水，将水过滤后挑到矿区去卖。几个月后，大多数淘金者无法再继续坚持下去，不得不空手而归，而这个年轻人却在这几个月里凭借卖水的收入赚到了人生的第一桶金。

当你发现某个环节存在问题，已经造成不利影响，或者预见到进行下去不会有什么好结果的时候，理智的做法是叫停，及时止损，然后重新制定合适的解决方案。

投资前，几乎每个人都在心里给自己设定了一个亏损底线，价格低于多少，马上抛售，绝不恋战。当风险真的来临时，却常常抱有侥幸心理。一家粮企根据调查的市场情况，囤积了1000万元的大豆，可是人算不如天算，市场没有朝着预料的方向发展，一段时间后，市场大豆价格下跌，按照当前的市场价格计算，这家企业亏损了近200万元。

另外一家企业想以市场价收购这批大豆，可是这家粮企却不愿意抛售，理由是这个时候抛售注定要亏损，想等价格涨上去之后再出售。但是因市场因素的影响，这个想法是不现实的，具有一定风险。由此这家粮企通盘考虑之后，最后决定出售这批大豆，及时止损。

投资和管理学中有个术语叫“沉没成本”，是指已经发生或付出且不可收回的支出或成本，如时间、精力、金钱等。沉没成本是一种历史成本，是已经无法挽回的损失，对此要有正确的认识。但很多时候，出于各种考虑，或心疼之前的付出，或担心新决策的效果，迟迟不作决定，继续之前的“老路”，这是极为不明智的。

在学校组织的一次奥数比赛中，信心满满的菲尔做第一道题时就难住了。他思考了5分钟，没有一点思路，但他不想跳过去做后面的题，于是又花了10分钟时间来推算，结果还是没答出来，菲尔不肯放弃，于是又花费了5分钟去琢磨，还是一无所获，于是他不得不开始做第二道题，用时10分钟，可是也没有做出来……还剩下半个小时的时间，还有挺多题没有做，菲尔开始着急，虽然后面那些题都比较容易，可惜时间已经不够用了。

可想而知，菲尔的这次比赛成绩不会理想的。

这个故事中，菲尔在第一道题上“浪费”了20分钟，第二道题用了10分钟，这30分钟相当于沉没成本——付出了时间与努力，却没有任何回报，而且严重影响了后面的作答。之所以出现这种情况，就是因为没有在意沉没成本。菲尔应该意识到，如果某道题花一个小时也解答不出来，或者根本就不会，那就可以跳过，否则，花的时间越多，时间沉没成本越大。

如果你花50元买了一张电影票，你对这场电影是否值50元表示怀疑。看了半小时后，你觉得这部电影简直让人无法忍受。你是选择留下来还是继续观看？在做决定时，你应该忽视这50元。这50元是沉没成本，不管是去是留，钱都已经花出去了。如果你心疼这50元，决定留下来继续观看，那么你就是不明智的，因为这样的话，除了那要不回来的50元钱外，你还另外损失了更宝贵的时间，以及原本可以愉悦的心情。

难以割舍已经失去的，只会让自己失去更多，让原本有希望能够走下去的路就此止步，事情也就无法形成闭环，所以一定要明智地及时止损。失去的已经不可能再找回，与其“沉浸”以往，还不如忍痛割舍，继续前行，这样才能让事情成功形成闭环。

一个年轻人在一家大公司上了5年班，算是一名老员工，虽然工资不高，但工作清闲，特别是当他带了两个徒弟之后。年轻人是个很有事业心的人，他不想就这样“混”下去，想辞职。可一想到辞职，他有些纠结，继续做下去，没有什么晋升空间，一辈子也就这样了，辞职吧，再到一个新地方，那就要重新再来，之前的努力和付出就白费了。

思来想去，年轻人最后决定辞职。辞职前，有要好的同事悄悄提醒他，再熬几年，就升职了，待遇也好了，再说多清闲啊！年轻人没有动摇，还是递交了辞呈。如今，年轻人离职十年了，也在自己喜欢的领域奋斗了十年，生活过得有声有色。

及时止损是一种人生智慧，也是一种生活上的豁达。让过去过去，让未来到来，这是我们对沉没成本最好的处理方式。做一件事情时，不要让已经发生的沉没成本成为我们前行的羁绊，一切向前看，往前走，专注于未来的成本和收益。

缺乏可预测性的行动都是冒险主义

在生活和工作中，我们做事之前，都应该先有一个对所要做事的科学合理的预测，在思想上先行贯通。如果在思想上都无法贯通下去，都会受阻，那么又怎么好奢望在行动上能获得满意的效果呢？闭环，一定要先从思维上实现。

诸多的事实已经证明，没有合理的预测而莽撞行事的人，其行动的结果往往只能与自己的目的相反，不是原地打转，就是弄错了方向，南辕北辙，浪费了时间和精力，所以，做事之前，应当就要做的事精心策划每一个行动步骤，然后对其进行科学合理的预测。

看下面几个例子：

一家农机制造企业为了在竞争中占有优势，提高行业竞争力，在没有进行深入调查和研究的基础上，理所当然认为成本是竞争力最重要的影响因素，于是也没有制订可行的行动计划，就将公司大部分资源用在了压缩成本上，而且这一做就是几年。几年后领导者发现，产品成本确实降了下来，销量也上去了，但是利润却没有提升。

经过多次讨论、分析，最终他们发现问题出在产品更新换代上，而不是产品价格上。在降低成本的基础上，公司一再调低销售价，同时销售人员大力推销产品时也一再强调价格便宜，全市最低。大力推动下，那些价格便宜的产品确实卖出去了不少，但利润却很低。更为严重的是，由于压缩成本过高，影响了产品的质量，致使口碑变得越来越差，后来问题变得十分严重，而且也没有好办法挽救，最终无力回天，倒闭了。

对比看一下华为公司的转型之路：

华为公司最初的业务是代理交换机。虽然是代理，但利润却是丰厚的。实际上，在那个时代，不但交换机的代理利润丰厚，其他产品的代理同样也是利润可观，因此当初很多民营企业都不愿意进行自主研发。但随着经济的发展和市场环境的改变，交换机代理的“幸福之路”受到了挑战，很多国营单位进入了这个领域，同时，国家也加大了对进口设备的管控力度，竞争一下子变得异常激烈。在关键时刻，华为公司创始人任正非高瞻远瞩，看到了其中破与立的博弈，深思熟虑之后，他做出了决定，舍弃代理，走自主研发之路。

任正非先一步意识到市场环境已经发生了变化，代理不再是“肥肉一块”，至少不会一直是，一方面客户的选择权变大了，另一方面相关政策也一定会发生改变，代理之路极有可能走不通了，就是基于这样的预测，任正非毅然决定倾全力开发拥有自主产权的用户交换机。多年以后，研发终于取得了成功，华为公司由此抢占了信息和通信红利的“第一杯羹”，并由此走上了研发的快车道。这不能不说得益于任正非的科学预测。

西武集团是一家赫赫有名的日本企业，旗下有170多家大型企业，经营的业务涉及铁路、运输、百货、地产、饮食、学校、研究所等各种行业。一次就是否进一步投资土地，集团高层进行了探讨。大多数高层认为土地投资是一本万利的绝好生意，因此纷纷主张继续投资。可是集团老总堤义明却持相反的看法，在会议上，他说："政府为了防止土地倒买倒卖，已经决定适时推出土地税制，以防止土地价格暴涨。无论做什么事，都要讲究平衡，现在很多企业都在投机土地，这样就会失去平衡，可以预见土地投资已经不是什么好的商机了，现在你们都主张继续投资，可是全体一致的主张往往都有问题，所以我主张我们退出土地投资。"

事实证明了堤义明的预测和做法是正确的。和任正非一样，堤义明准确清晰的预见为公司行动指明了方向，正是在这样明智的预见性下，事情形成了正向闭环。

原则上看，如果某件事或某项活动在思维上能从前向后贯通下去，形成闭环，那一定程度上就能预见事情的结果，相反，如果思维上贯通不下去，卡住了，无法形成闭环，那结果也不好预测，或者结果与预测的差距很大。而在没有系统预测是否可行的情况下，不管不顾贸然行动，就会冒很大的失败的风险。所以，行动前，一定要做好充足必要的准备，同时进行科学的预测，在思维上保证形成闭环，然后再按照计划逐步向前推进。

第五章

沟通闭环在于有效反馈

一个令双方满意的沟通必然是闭环的，而闭环的沟通又必然离不开有效的反馈。要想做到在沟通中获得及时有效的反馈，就要多注意思维方式的变通和表达技巧的应用。

闭环式沟通才是有效的沟通

领导交代秘书：下周五我要和“广源”的袁总探讨一下产品推广计划，你把上次会议提出的方案整理一下，然后发给我。过了几天领导问秘书：方案整理好了吗？秘书一脸无辜地说：领导，我已经发给你了。领导一脸茫然。

懂得闭环思维的人马上会意识到，秘书的沟通没有形成闭环，把方案发给领导并不是这件事的目标，只是其中一个必不可少的环节，正确的做法是，发过去后，要通过口头或者电话方式告知领导方案已发，并可进一步提醒领导如有修改意见可告知，以便及时更正。

这件事中，或许领导没有意识到闭环沟通这样的一个理念，但他心里肯定觉得秘书的工作没有做到位，进而对秘书的印象大打折扣。

再看一个例子：

小白在公司负责合同的起草和修订。一次，领导让他和合作公司就已经有了初步意见的合同做一下对接和跟进，看还有什么地方需要完善一下。小白给合作公司的对接人发了信息，询问相关的事项要求。可是对方迟迟没有回复，小白@对方了两次，对方还是没有回应。小白还有其他工作要做，见对方不回复，就去忙其他的事了。没想到，快下班的时候，对方给了回复，提出了一大堆要求，而且要求明天上午九点前要看到整理好的文件。

对此，小白很是无语，但是也没有办法，只好连夜整理。一直忙到晚上十一点多，小白才将文件修改整理好。整理好后小白将文件发到对方的邮箱，然后就去休息了。第二天上午，合作公司的对接人忽然@小白，问文件整理好了没有。小白蒙了，不是已经发过去了嘛，于是告诉对方，昨天晚上已经发过去了。对方回复："发邮箱，为什么不告诉一声？"小白马上反驳道："难道你不看邮箱吗？再说昨天我问你要求，你不也一直没回复吗？"

两人越说越激动，最后吵了起来。最后双方领导出面，此事才平息下来。

这就是没有闭环沟通。问题既出在合作公司对接人身上，也出在小白身上。合作公司既然有要求，就应该及时和小白沟通，而且小白几次联系，都不给予回复。虽然最后给了回复，但又作了时间上的限制，导致小白不得不晚上加班。小白的不当之处在于，在没有获得对接人及时回复的情况下，没有将此事反馈给领导；其次在修改完文件发给对方后，没有将信息反馈给对方，导致对方没有及时查看。

纵观整个事情，会发现：两方的沟通都没有实现闭环，致使其他沟通都因此而变得无效。你以为对方知道而没有通知对方，但对方可能恰恰不知道；你以为对方轻松就能搞定，所以没有及时提供帮助，但对方却可能因缺少了你的帮助而功败垂成。

沟通没有闭环，就可能让之前所做的很多工作失去意义，沟通也由此变得无效。职场上每个人都很忙，都有很多工作要做，如果你的沟通没有闭环，对方就可能不会重视，就可能轻易放过此事，或者拖延下去等待变化，最后导致事情无疾而终。

一名电视台女记者要去采访环保部门一位很重要的人物，想请他就海洋生物保护这一话题发表意见。她知道对方很忙，担心遭到拒绝，于是精心设计了话术。在终于成功连线上这位领导后，这名女记者说道：“您好，我是×××电视台记者，我叫××，抱歉在您百忙中打扰您。我们这周日有一档有关海洋生物保护的节目，想请您就目前全球海洋生物保护现状发表一下看法。知道您时间宝贵，所以采访时间将控制在三分钟之内，当然如果您允许，可以延长采访时间，我们求之不得。节目录制完成后，将在黄金档时间播出，届时会邀请相关领导和相关领域专家一同观看。您看您能安排出时间接受采访吗?”

这名领导听后爽快地答应了。之所以邀约成功，与这名女记者闭环式沟通有一定关系。

所以，我们沟通的时候一定要努力使沟通闭环化，有始有终，前后呼应，不可脱节。由此，当领导给你一项任务时，不管完成得如何，或者中间遇到了什么问题，一定要及时和领导沟通，将情况反馈给对方，千万不要等领导问你情况怎么样时，才告诉领导如何如何了。如果执行过程中出了问题，更要及时反馈。如果你及时将问题反馈给领导，你就掌握了主动权，一是可以给领导留下好印象；二是让问题有了缓冲和改正的时间和机会。

还有，给对方发了邮件，记得一定要通知对方及时查看；给对方快递东西，一定要及时和对方联系确认收到；理应收到却没有收到，也要及时联系对方，说明情况。

如果对方有事咨询你，或者有不明白的地方请求你配合，一定要及时回复，并尽可能提供帮助，确保事情能够有效执行下去。负责的事情要积极主动跟进，并将情况及时反馈给领导或相关方，以便对方做到心中有数。总之，要努力做到闭环沟通。

以开放式提问替代封闭式提问

要注意的是，不是所有的封闭式沟通都是正确和有益的，有些时候需要把封闭式沟通变为开放式沟通，特别是关于一些敏感性话题的沟通，更要如此。因为日常生活中，出于各种各样的心理，很多人并不喜欢别人对自己的情况一问再问，他们把别人的提问当成不怀好意，甚至没事找事，因此感到不快，不愿再交谈下去。

这种情况的产生，除了与回答者有一定关系外，与提问者的问话方式也有一定关系。提问者要反省一下，看看是不是自己的提问方式不合适，让对方反感，使对话无法继续下去。

事实证明，问题确实多半出在提问者身上，因为绝大多数人都喜欢与外界进行交流，之所以不愿回答问题，就是因为提问者的提问让他们感到不快，致使对话无法进行下去。

这类提问者常犯的一个通病是经常把问题“问死”，即他们常常将问题限定在一个很封闭的空间里，希望对方的回答在自己划定的范围内。这类提问被称为“封闭式提问”。

封闭式提问常用的词有“对不对”“是不是”“能不能”“会不会”“多久”等，比如问“你会不会跳舞?”“你说我刚才的演讲好不好?”“等我回来，你会不会还在这里?”等。

在平时的对话中，特别是聊天时，这样的提问限定了回答者回答的空间，很多时候出于多种原因，回答者不便直接简单回答，或不愿受这样的“胁迫”，因此表现迟疑，不愿回答，甚至因此而不快，这实属人之常情，可见封闭式提问不利于互动。

不过封闭式提问并不是没有好处，它的好处在于能节约提问者的时间，减少因选择障碍而产生的时间浪费，如："请问，您是老师吗？"选项只有"是"或者"不是"，要么是，要么不是，二选一，干净利索，不拖泥带水。

与封闭式提问相对的是开放式提问，开放式提问就是不将问题局限于一个有限的空间内，给对方的回答一个极大的自由空间，体现开放式提问的词常见的有："哪里""怎么样""为什么""谈谈""可以说说你的想法吗？" 等，比如问"你最近在哪里跑业务？""你觉得《觉醒年代》这部电视剧怎么样？""今天晚上我们吃些什么？"等等。

开放式提问避免了封闭式提问的单调，给予了回答者极大的自由发挥空间，激发出他们回答问题的积极性，还可以使其充分发挥想象力，向与问题相关的四周延伸，这样就容易获得反馈，也让回答者的回话富有弹性，有利于让双方进入一种互动的氛围。

那么如何进行开放式提问呢？不妨从下列三个方面着手。

（1）少用"二选一问法"

"二选一问法"只能在给定的选项中选择一个，限定了选择的权限，不免让人不舒服。"吃饺子还是面条？"要么吃饺子，要么吃面条，想吃其他的，对不起，没有。

（2）以5W2H主导提问

5W指：What（什么）、Why（为什么）、Who（谁）、When（什么时候）、Where（在哪里）；2H指：How（如何）、How many（多少）。以5W2H之类的词语主导提问，会让问题变得很宽泛，便于回答，同时也让回答富有弹性。如可以问"你什么时候从家里出来的？""你们在哪里商讨这个让人头痛的问题？"

（3）先限定，后放开

即以封闭式提问开始，以开放式提问推进。以封闭式提问开头的好处在于可以让双方迅速进入互动程序，当然要注意这个封闭式提问要不难回答，要不然一开始就哑火，后面的对话就无法进行下去了。

在封闭式提问之后，要使用开放式提问，打开对方的话匣子，以获得积极的反馈。如可以这样开始：“你对这个言论有什么看法，支持还是反对？研究是从哪些方面入手的？遇到了哪些障碍？”

开放式提问虽然能够让对方充分表达想法，但是在运用时要注意语气语调，避免连珠炮式提问，给对方咄咄逼人的感觉，这样容易引起对方内心的疑惑和反感，反为不美。

在具体应用时，两者结合运用，同时注意言词和语调，多半会让沟通变得顺畅，进而取得令人满意的结果。

带着建设性意见和领导沟通

工作中和领导沟通是经常要做的事，不过并不是每个人都懂得该如何和领导沟通，只有少数人才懂得其中的要诀。很多时候，和领导的沟通都是以员工单方面的接受为主，员工缺乏主动性，致使沟通效果不佳。对员工来说，在领导布置工作任务时，一是要仔细听，认真思考；二是要准确理解，如果没有听明白，一定要及时提出来，直到领会透彻。

上述两点是和领导沟通的基本要求，在这两点的基础上，还有更高的要求，其中很重要的一点就是在向领导汇报工作时，要尽量带着建设性意见，而不是仅仅将客观情况反馈给对方。这一点看似没什么，但是却会直接影响到沟通的效果和领导对你的印象。

一方面，领导的事情比较多，时间和精力有限，不可能事事都考虑到，也不可能事事亲力亲为，如果你仅仅只是把情况反映上去，而不拿出任何意见和建议，领导就可能因情况不明而无法作出准确判断。另一方面，如果你是直接的责任人，你什么意见和建议都没有，那么领导就会认为你是失职的，从而对你产生不好的印象。还有，作为主要责任人或相关人，你有责任将问题反馈给领导，同时就遇到的问题拿出自己的看法和建议，供领导参考决策。

看下面这个例子：

一年一度的中秋佳节到了，某公司准备组织所有员工去附近的景区游玩。小贾在公司负责行政工作，消息公布后，她来办公室请示："领导，中秋节公司准备去哪个景区游玩？"领导正忙，就问她选了哪几家，报给他看看。小贾一听，忙说还没选。领导有些生气，反问道："那你的意思是让我选几家，然后报给你选一下吗？"

小贾急忙说不是那意思，然后匆忙离开了。第二天，小贾又来了，这次她拿了一份几个景区的情况汇总表，对领导说："领导，我选了几个景区，这几个景区我认为性价比较高，也比较符合公司人员的喜好，您看一下吧！"领导接过报表，一边翻看，一边问："你问过公司人员是否都能去了吗？销售部的小丁怀孕了，是不是需要安排人照顾一下，还有这次游玩的预算统计出来了吗？"小贾一听傻了，结结巴巴地说："这些情况还没有了解。"领导叹了口气说道："这些情况你都没有掌握，也没有预案，你叫我如何决策？"

如果你在汇报前没有做好准备工作，没有自己的意见和建议，极有可能会遭遇到像小贾一样的窘境。在大多数领导的眼里，只懂汇报而没有建议的员工是不称职的，是不能将事情负责到底的，也由此是不能委以重任的。

嘉文是公司运营部的经理助理，最近一段时间为一场展会的筹备工作忙得焦头烂额。眼看距展会召开只有一周时间了，嘉文才收到供应商制作的会议样本册，打开一看，商标的颜色明显与样品有出入。他向供应商提出交涉，要求重做，供应商说至少需要一周时间才能做好。嘉文没有办法，只好拿着有问题的样本册找经理汇报。经理听过嘉文的请示后，说："事已至此，你准备怎么办？"

嘉文被问住了，哼哧半天也没有想出什么办法来，于是说："经理，我真没有想过这个问题，您说咋办就咋办。"

经理有些生气："这是你的问题，你问我怎么办？如果我现在就和老板说，样本册出了问题，不能按时交工，那你只能和老板解释了。"

稍后经理又接着说：“出了问题，不管是不是你的责任，你在第一时间选择向我汇报，让我知道情况，这一点你做得很对。但是，你是我的助理，就要帮我分担责任，而不是把问题交给我就没事了。所以，当你来向我请示的时候，应当带着补救措施来，而不是不动脑子跟我要答案，除非你动了脑筋但是想不出答案！”

嘉文一听，忙说：“好的，领导，我知道了，下次我会注意的。”

经理见嘉文认错态度好，口气一缓说道：“好吧，现在你就去联系其他公司，看有没有两三天就能交活儿的，价格贵点没关系，但一定要保证质量。”

“好的！”嘉文高声回答，然后转身离开了。

在实际工作中，如果向领导请示一项工作，自己却拿不出半点意见和建议，不能为领导提供必要的决策信息，就不能称为请示，至多算是传达。

闭环思维告诉我们，一件工作或者一个项目启动后，无论完成的程度如何，都要在合适的时间内及时反馈给相关负责人，以形成“闭环”，并且每个活动环节都要贯穿这个思维。

虽然将问题反馈给了领导，表面上看似乎完成了循环，但是从效果和整个链条上来看，却是不完整的，因为问题没有得到解决，卡在这里了。

通常情况下，如果是职责范围内的日常工作，可自行处理，无须请示领导。只有出现了新情况，或者在自己职权内无法解决的问题时，才需要找领导沟通，请示汇报。但即便如此，在沟通和请示前，也一定要认真琢磨问题，并就问题提炼出自己的意见和建议，在向领导汇报时提出来，供领导决策参考，这样便于问题的有效解决。只有问题得到了真正有效的解决，工作才能继续向前推进，闭环也才有可能形成。

凡事莫要“我以为”

由于眼界、身份、地位、知识、见识以及对情况了解程度的限制，每个人对同一件事的看法有所不同，有些时候甚至差别很大，这就造成了对事情的判断也有了或大或小的差距。这是十分常见的事，别说我们普通人，圣人也会犯这样的错误。

孔子带领弟子周游列国。因兵荒马乱，百姓流离失所，孔子和弟子已好几天没米下锅了。

一天，弟子颜回好不容易要到了一些米煮饭，饭快煮熟时，孔子看到颜回掀起锅盖，抓起东西往嘴里塞。孔子以为颜回背着众人偷吃米饭，但也装作没看见，若无其事地离开了。

饭煮好后，颜回请孔子进食，孔子假装若有所思地说：“我刚才梦到祖先来找我，我想把干净还没人吃过的饭，先拿来祭祖先！”

颜回顿时慌张起来，急忙说：“不可以的，这锅饭我已先吃一口了，不可以祭祖先了。”

孔子顺势问：“是怎么回事？”

颜回涨红脸，嗫嚅地说：“刚才在煮饭时，不小心掉了些柴灰在锅里，我想有灰的米丢了太浪费，就抓起来吃了。”

孔子听了，恍然大悟，对自己最初“一厢情愿”的想法感到非常愧疚，同时他也庆幸自己及时与对方沟通，才没有让误会继续加大。

连孔子这样的圣人都不免掉入“我以为”的坑，那平凡的我们不知道要掉入多少次。在工作和生活中，我们常常听到如下的“我以为”：“我以为吴总会及时联系您”“我以为他们就这样算了”“我以为你会来找我的”“我以为保洁阿姨会清理的”等等。这些就是从自我的角度出发，根据自己的感觉、看法，想当然认为事情会怎么样。但是，你的看法不代表客观事实就是如此，也不代表对方的看法，那是你以为的你以为。

看下面这个小故事：

从前有一个人请一个盲人朋友吃饭。吃完饭天色已晚。盲人说：“天色不早了，我要回去了。”主人点了一个灯笼给他。盲人有些生气，说道：“我根本看不见，你却要给我一个灯笼，你是在嘲笑我吗?”

主人忙说：“你不要生气，我之所以给你点一个灯笼，是因为我们是朋友，我自然知道你看不见，但是别人却能看见，这样，你在夜里走路别人就不会撞到你了，灯笼是为了让别人看见你，而不是给你照路，你怎么会说我嘲笑你呢？你这是误会我了！”

显然，这个盲人就是从自我的角度出发，根据自己的认知作出的判断，他的潜台词就是：“我以为你点灯笼是给我照路，可我是个盲人，你这样做不就是在嘲笑我吗?”

K同学在学校是个学霸，性格很外向。大学毕业后，先去一家公司实习。实习结束后，开始正式求职，刚开始很顺利，发出的简历相继得到了让他去面试的回复。K一直认为自己是佼佼者，是优秀的，因此面试时言行中总带有一股优越感，在回答面试官提问时，总是语出惊人，以突出自己，展示出与众不同的一面。

有一家大型国企很中K的心意，面试时他将自己张扬的个性展示得淋漓尽致，从价值观，到管理核心，再到企业文化，他滔滔不绝、夸夸其谈，自认为发挥得十分到位。他相信，大企业的面试官肯定是慧眼识英才的，自己的优秀必然会给对方留下深刻印象。在他看来，自己应聘成功的概率可以达到95%以上。

就在他信心满满准备复试时，却发现发布的复试名单中没有自己的名字。他很吃惊，也大惑不解，随后他给招聘办公室打去电话询问，面试官的回复再次震惊了他，“公司认为你的性格特质不符合公司团队建设……” 电话中，K试图回辩：“可是我以为……”面试官的回答让K无言以对：“你以为是你的事，非常抱歉，只能这样了。”

是的，“你以为”是你的事，不代表“我”的观点。以“我以为”来判定事情，难免会遭遇尴尬。不知道你发现还是没发现，很多时候，当说出“我以为”，就预示着这件事“你以为”错了。这仿佛是个摆脱不了的魔咒，因此在职场中，当和领导沟通的时候，“我以为”三个字极容易引来对方的不悦，“你以为”“你凭什么以为？有什么依据？理由充分吗？”确实，如果理由真的充分，那就不是“以为”的事，而是差不多确定的事；说“以为”，也多半意味着里面掺杂着自以为是的水分。

另外，“我以为”还带有敷衍了事和擅自做主的意味，如果这件事与工作关系重大，带来的结果很恶劣，影响很坏，当你向领导汇报的时候，领导自然不高兴。

晓旭是一家医疗器械公司的销售，入职一年多，业绩不好不坏。这几天发生的一件事让他很郁闷。原来他遭到了一个大客户的投诉。晓旭专门负责和这个大客户联系对接。前几天他发给对方一些器械样品的图片，图片像素很大，晓旭以为像素大，看着清晰，所以就没做处理，直接发给了对方。可没想到因像素过大，很多图片不能完全显示，让客户很不满意。

尽管问题不算大，但是却让对方怀疑晓旭所在公司的诚意，于是向销售经理投诉。销售经理了解事情的经过后，把晓旭找来谈话。晓旭解释道："我以为像素大看着更清晰……"

一句话惹火了销售经理："你以为，什么都是你以为，发给客户前你打开看了吗？你不懂得要从客户的角度看待问题吗？"晓旭欲辩："可是我以为……"经理更生气了："好了，不要再说你以为了，现在你自己去跟客户解释，如果……"

实际上，从某个角度上看，"我以为"的本质就是借口，是假设之辞，是推卸责任之语，因此要想让事情有个好的结果，千万莫要"我以为"，在和对方沟通时，也尽量不要说类似的话，要不然极容易给沟通增加障碍，让事情变得复杂。

搭建深度沟通的框架

不知道你发现没有，很多时候，我们被广告耍得团团转，被上级骂得团团转，被下级哄得团团转，被同事骗得团团转，还以为他们说得“很有道理”，其实这个“道理”的“内核思维”与卖减肥药无异，就是牢牢地抓住了我们的需求。因为我们需要，所以我们听从。

一定程度上，没有需求，就没有沟通。如果你出售、制造的东西，别人都不需要，或者你的意见与建议对他人无用，那就无从说服别人购买你的东西，或是听从你的意见或建议，也就是说你的沟通缺乏现实的基础。

反过来看，制造需要是我们与他人沟通的第一准则。因为没有需要，我们就不需要沟通。那怎么制造需要呢？那要着眼于马斯洛需求层次理论，考虑不同领域的需求——无论是生理、安全和保障、爱和归属感、自尊还是自我实现的需要。从这些需求中，你肯定可以帮对方找到他缺少、所需要的东西，然后告诉他，这些东西只有你才能提供，这样你就占据了沟通的主动权，也才会让沟通真正进入一个闭环。

那么如何通过需求来打造我们的“沟通框架”呢？关键要做好下面的五步：

（1）激发兴趣

在开始时，要想办法引起对方足够的注意和重视，把他们从沉睡中“唤醒”，激发他们的兴趣，让他们从思想上快速地“参与”

进来。在这里，可以借助幽默话题、惊人的事例、糟糕的数据或吸引人的故事等任何能够吸引他们注意力的方法将对方快速拉入主题。

（2）创造需求

如果对方没有需求，怎么办？那就要想方设法把对方“煽动”起来，先让他们意识到：需求得改一下了。但是，不要马上和将要提出来的“解决方案”建立联系。这就如同，如果有人打算推销一款产品，不要一开始就给大家看产品，而应该先告诉他们这个产品会帮他们填补什么样的缺陷、满足什么样的需求。总之，让他们相信现状是需要改变的。

（3）满足需要

在向对方展示确切的需要之后，就要开始着手满足这个需要了。这时，可以介绍自己的解决方案，如解释它的工作原理；解决对方的疑问。如果你向某位老板说，他的公司因为某些环节没有实现自动化而每年要多付出500万元的成本，而实现自动化其实只需要付出200万元。他会不会想让你马上为他提供自动化的解决方案呢？相信一定会考虑的。

（4）展望未来

这一步，是沟通实现真正闭环的关键之处。前面的三步是在逻辑上说服对方，而这一步则是在心理上打动对方，让其看到积极的和消极的情况，告诉对方如果没有解决方案会怎样，然后对比有了解决方案后又会怎么样。这样做的目的是把“需求的欲望”烙进对方的脑海里。

在描述展望的时候，要注意一定要现实而且具体，越是现实、越是具体，获得的效果越好。你的目的只是让人们同意你的观点，并促使他们采取和你推荐方法一致的行为，为此，可以使用一些方法或借助一些工具来分享你的展望。

（5）呼吁行动

这是整个沟通过程中收尾的一步。大家听完你的整个描述之后想做些什么？该做些什么呢？可以直接告诉他们，但更好的方式是想办法让他们自己说出来，最好是具体、简单而且是一件在48 小时内就能开始做的事，要不然会被人们渐渐遗忘。

在具体的沟通过程中，操作方法不可一概而论，要根据当时的情景，巧妙搭建自己的沟通框架。框架搭好后，结合巧妙的话术和一定的语言技巧，就能有效地实现沟通的闭环。

保持和对方同一频道

我们都知道，对话虽然由说话者控制，但效果却是由听者决定的。因此在和别人沟通的时候，一定要“读懂”对方的逻辑，与其保持在一个频道上，避免出现错位沟通。也只有这样，才能让沟通获得真正有效的反馈。

那么沟通时如何和对方保持同一频道呢？首先，在每一次沟通时，我们都必须弄清楚这四个要素：你是谁，你需要沟通什么，你要说的和他有什么关系，对方会怎样给你反馈，这是进行沟通的几个关键要点。

只有将这四个要素彻底想清楚了，才能知道哪些话该说，哪些话不该说，哪些话说了对方会听，哪些话会令对方反感。比如，宝爸宝妈想说服自己的孩子认真学习，于是和孩子进行了一场沟通。那么，在这场沟通中，宝爸宝妈该如何定位自己的身份？又该如何定位孩子的身份呢？两者之间的关系又是怎样的？

很多家长习惯把自己定位为“慈母严父”，把孩子定位为“不听话的孩子”，把两者之间的关系定位为“教育者”和“受教育者”。结果呢？一场沟通下来，心力交瘁的父母没有达到预期的效果，逆反心理也使得孩子更加厌恶学习。

能怪家长太严厉吗？能因为孩子不听话而生气吗？似乎都不能！只能说，在这场沟通中，家长没有做好定位，就是没有想清楚自己和孩子的身份、关系，这其实一点儿也不难，父母亲和孩子朝夕相处，根本不需要作第一级定位，因为早就知道孩子喜欢什么，想要什么。父母其实可以把自己的身份定位为孩子的朋友，把两者之间的关系定位为“好朋友”，以敞开心扉的姿态去和孩子沟通交流，这样就容易获得孩子的反馈。

事实证明，和与自己观点、思维逻辑不一样的人沟通交流是非常困难的。在沟通当中，如果双方之间没有共同点，那彼此之间的距离感就很难消除，而且在交流过程中，也非常容易形成心理隔阂，产生交流障碍，因此要想让沟通显现效果，就要想办法消除双方之间差异点带来的障碍。

如果双方在背景、身份上有差异的话，在沟通时，要注意选择适合这种身份和关系的语气和措辞，尽量使对方容易接受。比如和上司就某件事或某项工作进行沟通，应选择建议的语气，既维护了对方的体面和尊严，又能使对方乐于倾听我们的表达；如果面对的是下级和晚辈，语言不妨温和、亲切一点，这样能显示对下属的关心和爱护，言辞也易于使对方接受。

如果双方立场、角度不同，可以运用怀柔的办法，试着理解对方，试着站在对方的立场上，以对方的思路来考虑问题，然后用合适的言辞和对方交流，可能就会获得对方的积极反应，最终获得满意的效果。如果双方目的不同，这种情况下，最好的解决方式，是在不同当中寻找共同点，求同存异，最终使目的迥然不同的双方进入相同的轨道。

面对同一件事情，不同身份的人可能有不同的立场，有不同的想法，有不同的处理逻辑。如果大家能想到一块儿，立场相同，观点相近，那么沟通起来就会顺利许多。如果大家的立场相左，处理问题的思维逻辑也大相径庭，那你一味强调自己的逻辑，则很难获得对方的认同。这种情况下，要想获得对方的积极反应，除了要有清晰的思维、语言逻辑，还要了解对方在这件事情上的立场、观点，以及处理问题的逻辑。了解清楚了，可以顺着对方的逻辑说话，慢慢引导，设法让对方的逻辑支撑你的观点，最终用对方的逻辑证明自己，说服对方。

许多时候，我们不买保险的逻辑是：既然保险那么好，为什么还要到处推销，而且推销的成功率又那么低？说明它并没有推销员描述的那么好，而且其中可能有猫腻，既然有猫腻，那我为什么要买？把钱存在银行不更保险么？

有些保险推销员不明白客户的内心想法，一味地强调保险的好处，可是他不清楚，他越是强调这些好处，越容易引发客户的抵触情绪。而高明的保险销售人员在和客户沟通时，会针对客户的各种犹疑心理，从对方的各种想法入手，逐一推敲，分析利弊，最终证明保险非常有必要配置，只不过不同情况需要配置不同种类的险种，如此而已。

总而言之，沟通要想获得对方的积极反馈，一定要与对方保持在同一频道，正如，想要钓到鱼，就要像鱼一样思考。都不知道对方在想些什么，不知道对方的逻辑遵循怎样的路线，就梦想获得良好的沟通效果，真的只是想想而已。

第六章

工作闭环在于良性循环

工作闭环的一个重要的特征表现就是实现了工作上的良性循环。抛去无法改变的客观因素的影响，我们需要在主观上做到端正态度、提高认知、自动自发，这样才会增大成事的概率。

让工作可交付

让工作可交付，是职场人应具备的一种工作态度和必要的工作方法，它体现了一种闭环思维。让工作可交付，不是敷衍了事，不是当一天和尚撞一天钟，而是要有所负责，有所担当，让自己的本职工作尽量有个令人满意的结果。这里面蕴含着用心和不用心的差别。

一个小和尚在寺庙专管撞钟，撞了半年，觉得无聊之极。尽管他每天都能按时撞钟，但半年下来住持却很不满意，就安排他到后院劈柴挑水，原因是他不能胜任撞钟一职。

对此，小和尚很不服气，就问住持："我撞的钟难道不准时、不响亮？"

住持当即告诉他："你撞的钟虽然很准时，也很响亮，但钟声空乏、疲软，没有感召力，缺乏灵魂。钟声是要唤醒沉迷的众生，因此，撞出的钟声不仅要洪亮，而且要圆润、浑厚、深沉、悠远，而你没有撞出这样的效果。"

工作真的不是你做了就可以，而是要努力使其拥有良性的结果，要体现出它的价值。如果只抱着"做一天和尚撞一天钟"敷衍的态度去工作，不仅对个人的进步无益，而且往往会让工作无法进行下去。

大学生A毕业后被招进一公司。可能是受某个职场“前辈”的秘密传授，对领导交代的工作，不管领导说什么，都是“是”“是”“是”，“好”“好”“好”，“对”“对”“对”。

领导问：“你还有什么意见？”

A回：“没有了。”

领导问：“对了，你看三天时间能完成吗？”

“好，好，可以，可以。”

领导想了想，觉得三天时间有些紧，于是又说：“我看三天时间有点紧，一周怎么样？”

A回：“好，也可以。”

A觉得这是在服从领导的安排，其实领导心里会想：到底几天算合适，你没有谱吗？给你一个月时间也好吗？

显然，大学生A的思想是有问题的。工作自然不是领导说行，你就说好；领导说不行，你就说对，应该有自己的理解和主见。这样的工作态度会让工作浮于表面，而且容易让人陷入误区，自然是交代不过去的。

C君也是个职场新人，他虽然没有像大学生A那样没有自己的主见，对领导唯命是从，却犯了另一个错误。刚到公司，为了和同事搞好关系，他是有求必应，无论是分内工作，还是分外工作，只要有人招呼一声，他从不拒绝，跑前跑后，非常积极。

刚开始，领导还夸他勤快，让大家向他学习，可是见他一连几个月也没有谈成一个客户，就有意见了，对他说：“公司是请你来做市场的，你却在服务大众，要不要再给你发份薪水？”

现在很多行业都存在大量内卷现象，竞争激烈，要想让自己的工作出成绩，可交代，一定要立足现实，深入到工作中，边工作边学习，加强对业务的了解，提高工作技能和效率，然后将学到的知识反馈于工作中，这样的思维闭环才是正确的，也是职场人所要具备的。

公司的月度会议上，在报告上个月的销售情况时，总经理让销售一部的A经理先说一下他们部门的情况。A经理说：“总的来说，还是很不错的，这个月我们部门虽然少了几个人，但是业绩还是有了一定幅度的提升。我想，如果再能招纳几个骨干进来，我们下个月的业绩应该会更好，也许会再上一个台阶，还有可能……”

总经理打断A经理的话：“长话短说，直接说，上个月的销售额是多少？”

A经理翻了翻本子，说：“大概200多万吧。”

总经理又说：“销售二部的B经理，你来说一下你们部门的情况。”

B经理打开本子：“上个月我们部门的销售额是369万，同比增长12.6%，销售成本92万，同比下降18.6%，在员工培训方面，支出12万……”

显然，A经理的表达是有问题的，该用数据的地方没有用，该准确描述的地方含糊带过，工作没有做到可交付。而B经理的表现则是可圈可点的，重点突出，各项数据翔实具体，让人听得非常明白清楚，真正做到了让工作可交付。

让工作可交付是对所有职场人士的一项基本要求，只有做到了这一点，才能让个人的工作价值体现出来，也才能让工作的链条延伸下去。如果公司每个人都没有做到让工作可交付，那么公司还能正常运转吗？答案是显而易见的。

以自动自发的态度工作

自动自发体现的是一种主人公的工作态度。很多人工作持这样一种心态：自己只是个打工仔，只把自己职责范围内工作做好了就万事OK了，其他部门的工作完成得好不好跟我关系不大。如果真的是能把自己职责范围内的所有工作都按时完成，且完成得尽善尽美，那绝对算是称职的打工人，可是实际上，这是很难做到的。

首先大家都是工作链条上的一环，一人负责的事情和其他部门的工作有着直接或间接的联系，一项具体工作可能是一个宏大规划的组成部分，一个小的闭环往往也是更大闭环的构成节点。所以，工作“独善其身”是不存在的，大家都是企业中的一员。

其次这种心态不利于发挥工作积极性。一个人如果整天只盯着眼前的工作，只想着如何舒服“摸鱼”，工作敷衍塞责，做一天和尚撞一天钟，被动应付上司分配的工作，不想如何更好地完成工作，如何提高效率，那么工作怎么能做好？再设想一下，如果人人都这样想、这样做，工作又如何能实现良性循环？在激烈的市场竞争中，无法实现良性循环的工作，无法实现良性循环的公司，用不了多久就会被市场淘汰。

对个人而言，解决这个问题唯一的办法就是工作要自动自发，把格局打开，以老板的视角去看待工作，去解决问题。这种主动工作的态度会让一个人把很多事情做到前面，即便那些在之前看来完全是职责范围外的事情。那么，这样做会让事情有了什么样的变化呢？

美国伯利恒钢铁公司董事长齐瓦勃出生在美国乡村，由于家境贫寒，他很早就辍学，几乎没有受过什么像样的正规学校教育。辍学后他便出来打工，给人做一些零活。一个偶然的机会，齐瓦勃看到钢铁大王卡内基旗下一个建筑工地在招工，于是他报名成了建筑工地的一名工人。

建筑领域的工作，齐瓦勃从来没有接触过，要干好这一行他需要从零开始学，而且他抱定了要做同事中最优秀的人的决心，因此当其他人在抱怨活儿累挣钱少而消极怠工的时候，他却默默地做事，而且做得非常好，他觉得这是他积累经验的好时候。同时，他还利用工作之余的时间自学建筑、管理方面的知识。

一天晚上，工友们都在闲聊，唯独齐瓦勃一个人躲在角落里静静地看书。那天恰巧公司经理到工地检查工作，经理看了看齐瓦勃手中的书，又翻开他的笔记本，问他："白天工作已经很累了，怎么还读这些书呢？"

原来当时齐瓦勃读的是一本管理方面的书籍。齐瓦勃说："我不单纯为了赚钱，我是为自己的梦想打工，为自己的远大前途打工，我看这类书就是希望自己朝着更高的方向努力，而且我把这份工作当成自己的事业来做，当然希望把它做好。"

经理听了十分高兴，没再说什么就走了。不久，齐瓦勃就被升任为车间技师。

工作自动自发，将打工当成自己的事业来对待，这是齐瓦勃一直秉持的信念。正是这种信念让他不懈努力，在自己的工作岗位上尽职尽责，没用多长时间，齐瓦勃就升到了总工程师的职位。在他25岁那年，齐瓦勃当上了这家建筑公司的总经理。

成功学大师拿破仑·希尔雇用了一个年轻的女速记员，主要工作内容是听拿破仑·希尔口述，然后将其打印出来交给拿破仑·希尔。她的薪水和其他从事类似工作的人大致相同。一次，拿破仑·希尔说了一句话让她记下来并打印出来，这句话是这样的：你要清楚，你所受的唯一限制就是你大脑中自己给自己设置的限制。女速记员被这句话打动了，她决定从此改变自己。

她是如何做的呢？从那天起，女速记员变得勤快了起来，她开始在用完晚餐后回到工作岗位上来，不用拿破仑·希尔吩咐，就去做她分外而且没有报酬的工作，比如替拿破仑·希尔拆阅并分类来自全国各地读者的信件，然后送到拿破仑·希尔办公桌上。之后，又在拿破仑·希尔的允许下，替拿破仑·希尔给读者写回信。

由于长期为拿破仑·希尔工作，女速记员已经很熟悉拿破仑·希尔的写作风格，因此她回信写得和拿破仑·希尔一样好，甚至比拿破仑·希尔还拿破仑·希尔。对此，拿破仑·希尔十分惊奇和满意。因此当拿破仑·希尔的私人女秘书辞职时，拿破仑·希尔第一时间想到的就是这名女速记员。此时，这名女速记员完全有资格出任拿破仑·希尔的私人秘书。实际上，已经有其他人开始注意到了这名女速记员，有很多人为她提供了更好的岗位希望她跳槽到自己公司，薪水是速记员的好几倍。拿破仑·希尔不是傻子，当然不会让这么好的员工被人挖走，所以他及时聘请她做了私人秘书。

可以说这名女速记员职业的高光时刻是她自己创造的结果，如果她一直以一种打工者的心态对待自己的工作，那么势必不会有后面的机遇。正是她的努力、她的行为、她的思维，给她的人生带来了改变，也给公司和他人带来了价值。

微软创始人比尔·盖茨曾这样说：“如果只把工作当作一件差事，不自动自发工作，或者只将目光停留在工作本身，那么即使是从事你最喜欢的工作，你依然无法持久地保持对工作的热情。但如果把工作当作一项事业来看待，自动自发工作，情况就会完全不同。”

IBM创始人托马斯·约翰·沃森说：“如果你想做到出色，你就一定能够做到。只要从你有这个想法的一刻开始，停止再做碌碌无为、草草了事的工作，代之以自动自发工作。”

无数的事实告诉我们，态度在我们的做事中起着决定性的作用，它适用于生活的各个领域，来自哈佛大学的一项研究发现，一个人在他取得的成就中，以及他所遭受的失败中，积极、消极、努力、乐观、自信、犹豫、责任心……这些态度因素的影响占80%左右，所以无论你选择在哪个领域工作，也无论你身处哪个岗位，如果你要想让你的工作形成闭环，那么必须要采取积极的工作态度，也就是你要自动自发去工作。

完成了不等于闭环了

很多人将做事闭环简单理解为“事情完成了”，可是很多时候事情完成了不等于闭环了。经常听有些人说：“我工作做完了。”“我的设计方案交给主管了。”“我已把文件交给他们公司前台了。”等诸如此类的话语，话里面有底气，还有不服气。自认为完成了，没有什么可说的。

表面上看工作好像完成了，但仔细分析却不是。比如，领导让员工把文件送给客户。如果员工仅仅把文件交到对方的前台，是不够的。需要进一步确认前台有没有把文件交到客户手里，客户有没有真正收到文件，还有客户对文件有没有什么疑问或者有没有提出修改要求。单纯只是把文件交给对方的前台，工作并没有在一个闭环里解决。接到命令是前提，送达是内容，反馈是结果，这几项缺一不可，缺少任何一项都算不上形成闭环。

像下面助手一这样的完成也算不上闭环：

一个老总交给两个助手一个代填的表格，表格的线框、字体大小、对齐方式都是固定的。助手需要把自己负责的部分的数据填好，然后交给老总汇总。第二天两个助手都将填好的表格发了过来。第一个助手发来的表格，虽然该填的数据填上去了，但是字体大小不一，数据后面有底色，一看就知道是从数据库直接复制过来的，另外线框也没有对齐，整个表格显得杂乱无章，让人看起来很不舒服。

而另外一个助手，不但将该填的数据填好了，还根据发过来的表格的字体、字号、线框粗细，调节了填入的字体、数据，使之保持了一致性，让整个表格看上去清晰整齐，而且还可以直接复制，十分方便。

从完成度上来看，两个助手都完成了工作，但是真正实现闭环的只有第二个助手。

下面是成功学大师卡耐基的亲身经历，让他告诉我们完成和闭环有什么不同。

一次，卡耐基安排了一次去加拿大温哥华的演讲。飞机在芝加哥停机后，卡耐基往公司办公室打电话以确认一切是否安排妥当。当他走到电话机旁时，想起了8年前发生的一件事。那次同样是去温哥华参加一个由他担任主讲人的会议，同样是在芝加哥，他给办公室里负责材料的秘书爱丽丝打电话，问演讲的材料是否已经送到温哥华了。

爱丽丝回答说："我早在6天前已经把东西送出去了。""他们收到了吗?"卡耐基问。"我是让联邦快递送的，他们保证两天后到达。""他们收到了吗?"卡耐基继续追问。"应该收到了吧。"爱丽丝回答。

对此，卡耐基说："让我们分析一下这段对话。它们实际上是两个对话，一个是关于活动的，而另一个是关于责任与结果的。爱丽丝当然觉得自己是负责任的，因为她完成了她的任务。她获得了正确的信息，包括：地址、日期、联系人、材料的数量和类型。她也许还选择了适当的货柜，亲自包装了盒子以保护材料，并及早提交给联邦快递为意外情况留下了时间。但是，正如这段对话所显示的，她没有负责到底，因为没有反馈，她不知道确定的结果。"

等卡耐基到温哥华时，发现演讲的材料还真的没有送达，因为那段时间机场工人罢工，快递暂时受阻，结果弄得他很被动，险些闹出笑话。

想着8年前发生的这件事，卡耐基心里有些忐忑不安，担心这次再出意外，于是他接通了现任助手露西的电话，问道："我演讲的材料到了吗?""到了，艾丽西亚3天前就拿到了。"她说，"但我给她打电话时，她告诉我听众有可能会比原来预计的多400人。不过别着急，我把多出来的人的材料也准备好了。事实上，她对具体会多出多少也没有清楚的预计，因为允许有些人临时到场再登记入场，这样我怕400份不够，为保险起见准备了600份。还有，她问我你是否需要在演讲开始前让听众手上有资料。我告诉她你通常是这样的，但这次是一个新的演讲，所以我也不能确定，因此，我正准备给你打电话……"

听了露西的电话，卡耐基先生真的放心了。

爱丽丝的工作看似完成了，但实际上她所谓的"完成"不等于真正的完成，因为她缺失了一个确认和反馈的环节，正是这一环节的缺失，让闭环没有最终形成，并由此带来了不利影响。反观露西的表现，则要好上许多，她细致入微地将自己的责任落实到底，她预想到一切有可能发生的问题，然后尽可能解决好，她让事情形成了一个完整的闭环。

总之，要想使事情不出纰漏，或者降低出纰漏的概率，就要努力把该做的工作做到位，事情尽可能想得周全，不要出现挂一漏万的失误，因为即便出现小的纰漏，都可能使事情无法形成闭环。从长远来说，应把尽职尽责和负责到底的态度贯穿到做的每一件事情上，才能让事情形成闭环，增大成功的概率。

做过了与做好了的区别

表面上看，“做过了”和“做好了”，一字之差，似乎没什么，但实际上差别却大了，前者表明某事或某项工作完成了，而后者还进一步表明完成的基础上有一个满意的结果。

领导问：“联系客户的事进展得怎么样了？”下属回答：“我们已经联系过了。”“已经把邮件发给对方了。”“和对方的秘书处已经沟通过了。”等等。这是“做过了”。

可以看出，“做过了”不涉及结果，是否把问题解决了，解决的效果如何，没有答案。如果这样回答：“已经联系过了，客户那边答应这周三来公司一趟了解详情。”“邮件对方接收了，约好明天进一步沟通。”“和对方的秘书处沟通过了，约定这周三见面详谈。”这是“做好了”。可以看出，不但有具体的方法、步骤、途径，也有事情解决的结果。

可以从两个思维层面去看“做过了”和“做好了”：

一是态度层面。“做过了”表现出来的态度是敷衍了事、随意散漫、“差不多”、“无所谓”；而“做好了”传递出的则是认真负责、担当、自信。两者可以说差别巨大。

看下面这个例子：

两个年轻人同来一家超市应聘，同时被雇用，又同时被安排到销售部门工作。起点一样，都是从最基层的理货干起。不久其中一人被超市领导青睐，一再受到提拔，从领班一直做到部门经理。可是另一个年轻人却像被人遗忘了一样，还一直在干理货的杂活。终于有一天这个年轻人忍无可忍，向总经理提出辞职，并当面诉说自己的委屈。

总经理想了想，然后对这个年轻人说：“这样吧，你现在马上去市郊的批发市场，看看今天有没有西红柿可采购？”年轻人转身离开了。没过多长时间，年轻人从批发市场回来了，向总经理报告说：“我去过市场了，有几车西红柿在销售。”总经理问道：“一共大约有多少斤？批发价是多少？”年轻人又转身离开了。时间不长，又回来报告说：“我问过了。一共有五千斤左右，批发价是每公斤4.68元。”

总经理看着气喘吁吁的年轻人说：“好了，我知道了，现在看看你的同伴是怎么做的。”然后叫来已经升迁为部门经理的那个年轻人，跟他提了同样的要求：“现在马上去批发市场，看看今天有没有西红柿可采购？”

没过多长时间，部门经理返了回来，手里拿着几个西红柿，向总经理报告：“我了解过了，市场上一共有三车西红柿，加起来大约有5000斤，产地是渭南，今天早晨拉来的，质量不错，这是样品。批发价是每公斤4.68元。我沟通过了，如果采购量超过一千斤，会打九五折，超过两千斤，会打九二折……”

准备辞职的年轻人将一切看在眼中，他终于知道了自己一直还在干杂活的原因了。

两个年轻人，一人止步于工作“做过了”，而另一人则在“做过了”的基础上“做好了”，这就是区别，就是差距。思想的差距，最终造成了人生的差距。

二是效果层面。“做过了”只代表了一种事情完成的状态、结果，只表示“工作已经做过了”，时间上属于过去时态，不关乎结果；

而“做好了”，则是以结果为导向，不但代表“做过了”“完成了”，更强调获得了一个满意的结果。

对比一下，效果迥然。一件事情或一项活动，取得的效果不同，所起的作用和影响自然也大不同。要不然，做好的意义何在呢。

从所起的意义上来说，“做好了” 会对下一个节点起到良好的示范和促进作用，有利于提高工作成效，形成闭环。为此需要从“做过了”向“做好了”转变，可从三方面进行：

（1）首先从心里提高对所负责事情的重视。只有心里重视了，才能转变态度，也才能在做的时候，提高注意力，将事情想得周全，并想方设法做好。

（2）提高完成事情的标准。要摒弃“做过了，就完成了”的思想观念。通常工作都有一个完成标准，低标准对应低效果，高标准对应高效果，所以要适当提高完成工作的标准。即便不能完全达到高标准，但也会在一定程度上有所提高。

（3）强化复盘工作。事情做完了，要及时复盘，检查有没有做的不对、不妥当的地方，及时查补缺漏，防止“做过了”形成恶性循环。

执行不是目的，执行好才是目的。没有结果的事等于没有做，甚至还会起到反面作用。所以，无论是工作还是生活，我们都要秉持“做过是基础，做好才是追求”的理念，力求把事情做好而不是做过，让事情在你手中取得一个圆满的结果，让工作流程变成一种良性循环。

学会流程化做事

无论做什么事，都有一个先做什么，接着做什么，最后做什么的先后顺序，也就是做事的流程化。一个能够长期良性运转的公司，必然有一套良好的流程化做事的规则。

流程化做事有什么好处呢？下面的例子或许能够说明。

在意大利，一位学者联合了三家学校组织了一次试验。试验的器材很少，只有水壶、墩布和各种吃饭用具。这位学者把试验器材的摆放顺序依次打乱，然后又把试验者按照学校分为三组，并告诉他们试验的做法。试验其实很简单，只要把各种吃饭的用具收拾干净，把水壶里的水烧开，把地用墩布拖干净，然后再去写一篇单词。

第一组试验者，首先做的是收拾吃饭用具，其次是拖地，然后是烧水，最后去写那篇单词，一共用时二十分钟。

第二组试验者，首先选择写单词，其次收拾吃饭用具，然后拖地，拖地之后烧水，一共用时二十多分钟。

而第三组试验者，首先烧水，在烧水的期间，先收拾餐具，然后写单词，接着拖地，做完这一切后，水也刚刚烧开。用时一共是十分钟左右，要比前两组试验者足足快上了十分钟。

实际上，不用去找国外的流程化做事的例子，上学的时候我们都学过华罗庚先生写的《统筹方法》，现摘取一段看一下：

统筹方法是一种安排工作进程的数学方法。它的适用范围极广泛，在企业管理和基本建设中，以及关系复杂的科研项目的组织与管理中，都可以应用。

怎样应用呢？主要是把工序安排好。

比如，想泡壶茶喝。当时的情况是：开水没有；水壶要洗，茶壶茶杯要洗；火生了，茶叶也有了。怎么办？

办法甲：洗好水壶，灌上凉水，放在火上；在等待水开的时间里，洗茶壶、洗茶杯、拿茶叶；等水开了，泡茶喝。

办法乙：先做好一些准备工作，洗水壶，洗茶壶茶杯，拿茶叶；一切就绪，灌水烧水；坐待水开了泡茶喝。

办法丙：洗净水壶，灌上凉水，放在火上，坐待水开；水开了之后，急急忙忙找茶叶，洗茶壶茶杯，泡茶喝。

哪一种办法省时间？我们能一眼看出第一种办法好，后两种办法都窝了工。

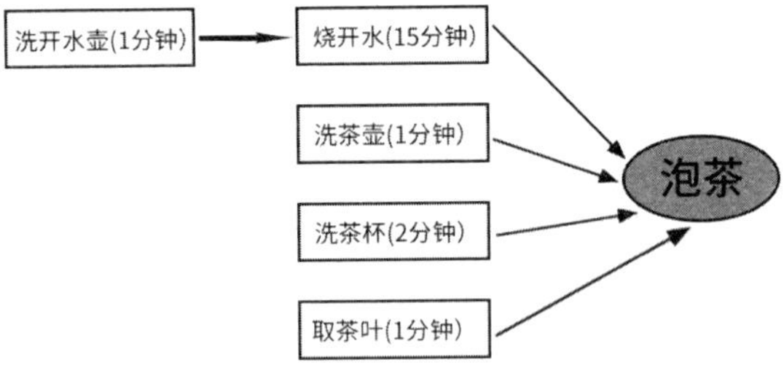

图 6-1　泡茶时间利用示意图

这个图可以让你十分轻松地口算出：办法甲所用的时间为 16（1+15）分钟；办法乙所用时间为 20（1+1+2+1+15）分钟；办法丙所用时间为 20（1+15+1+1+2）分钟。

华罗庚先生的这段论述清晰地表明了做事统筹化安排的好处。将这种可以提高工作成效的做事方法固定下来并长期应用，实际上就是流程化做事。

显而易见，流程化做事的一个非常重要的好处是能够节省时间，减少作决策的次数，提高做事的效率，把精力放在真正重要的事情上，从而促进工作实现良性循环。

对职场人士来说，要努力把自己的工作程序化、流程化，为此需要掌握几个要点：

一是设定一个合理的目标。目标一定要合理，要具体明确，切实可行。既要具有挑战性，又要完全可以通过努力达到。如果不切实际，好高骛远，就不可避免浪费大量的时间和精力。

二是制定计划。一旦目标设定好了，接下来就是确定需要采取的流程步骤，也就是可达到目标的计划。要注意的是，计划不是可有可无的，美国知名企业家理查德·史罗马指出："对一件方案，宁可延误其规划之时间，以确保日后执行之成功，切勿在毫无适切的轮廓之前，即草率开始执行，而最终导致错失该方案之规划。"

通过制订计划，能够了解工作和项目的有关事项，清楚工作的每一个环节，知道每一步该做什么，如何去做，还有知道每一步做完后，下一步应该做什么，避免出现完成一件任务后不知道该干什么的状况，这样无疑会大大提高工作的效率和进程，还可以避免因忙碌而忘记一些重要的事情。对个人来讲，切实可行的计划对提高个人工作能力、管理水平，以及发现问题、分析问题和解决问题的能力都有极大的好处。

三是确定时间期限。目标有了，计划也制订好了，还有一个很重要的事情需要做，那就是要确定一个时间期限。没有时间约束的计划，进程会拉长，如果进程拉得很长，那计划就形同虚设，所以一定要设定时间期限。可以把要做的工作分成几个小的项目，再把每一个小项目都标上截止时间。

四是及时行动。目标有了，计划制订了，时间期限也设定了，剩下的就是行动了。只要行动给力，一环扣一环，周而复始，流程化做事也就形成了。

从长期来看，工作流程化有助于提高工作的质量，促进工作形成良好的闭环。事实证明，越是复杂难搞的工作，越要流程化。那些没有多少工作经验的新员工，那些做事粗心大意的员工，就很有必要把工作流程化，借助流程帮助自己协调和提高做事的速度与步调。

靠制度保持工作顺畅

“犯人船理论”是一个关于制度建设和作用的著名例证，它产生于下面这个事件：

18世纪80年代开始，为了开发大洋洲，英国政府决定将已判刑的囚犯运往大洋洲，这样既解决了英国监狱人满为患的问题，同时，又给大洋洲送去了丰富的劳动力。

运送犯人的工作承包给了一些私人船主。一开始，英国政府以装船的犯人个数来支付船主费用。船主们为了牟取暴利，用破旧的改装货船运送囚犯。船上设施简陋不堪，卫生条件极差，犯人死亡率非常高。一旦船只离开了岸，船主按照人头数拿到了政府的钱，对于这些犯人能否活着到达大洋洲就不管不问了。

最初，英国政府往每艘船上派了一名监督官员和一名医生，同时还对犯人在船上的生活标准做了硬性规定。但是，犯人的死亡率不仅没有降下来，甚至有的监督官员和随船医生也不明不白地死了。然后，政府不得不采取新的办法，把船主们都召集起来开会，告诫他们要爱惜他人生命，要理解政府运送犯人到大洋洲是为了国家的长远大计，但情况并没有任何好转，犯人死亡率仍然居高不下。

这时候，一位议员看出了漏洞，他说：“私人船主钻了制度的空子，现在制度的缺陷是给予报酬是以上船囚犯人数来计算的，而不是以到岸囚犯人数来计算。应当改变付费制度。不管在英国上船多少人，到大洋洲上岸的时候再清点人数，然后以到岸囚犯人数支付报酬。”

按到岸人数付费制度执行后，效果马上变好。船主们主动请医生跟船，在船上准备药品，改善随船犯人的生活，尽可能地让每一个上船的犯人活着抵达大洋洲。改变付费方法后，三艘船到达大洋洲，所载运的422个犯人中，只有1人死于途中。

此后，制度进一步完善，政府按到达大洋洲的囚犯人数及其健康状况支付费用，情况好的甚至还给予奖励，情况进一步好转。

对于唯利是图的私人船主，政府的硬性规定、强力监督和道德说教都不起作用，但是改变了一下付费制度，执行情况就截然不同了。新的制度既顺应了船主们牟利的需求，也实现了政府最大限度地保护犯人安全的目的。

这就是制度的作用。所谓制度，就是为了约束人们的行为而制定的种种规矩。古话“没有规矩，不成方圆”强调的就是制度存在的价值和意义。无数无可辩驳的事实已经强有力地证明，制度在维持家庭、企业运转以及社会秩序方面都起着举足轻重的作用。

具体到每件事或每项活动中，制度的保障作用依然是巨大且不可忽视的。很多事情如果没有制度的保障和支撑，是很难推行下去并贯彻到底的，更别说能取得令人满意的闭环效果。

对企业来说，制度建设是企业的核心内容之一，没有相应的各种制度，一个企业别说发展，就是生存都会成为问题。合适的制度可以说是企业的法宝，为企业的前行保驾护航。企业制度包括很多方面的内容，比如：管理制度、宣传制度、人事制度、薪资制度、财务制度、后勤制度等。正是这些制度从多个方面保障了企业的正常运转。

某现代齿轮机床厂要求员工只要进入车间，无论是进入工作，还是路过，都必须佩戴安全眼镜，穿公司发给的工作服。违反规定，就要接受严厉惩罚。绝大多数生产企业，特别是食品行业和高端精细仪器行业都有类似的规定。

正因为制度的巨大价值和现实意义，所以制度才具有很高的权威性。对个人来说，要重视制度的权威性，不要随意“冒犯”，同时亦要充分认识到制度的可利用性，要学会利用制度解决问题，把制度当作解决问题的有力武器，借用制度推进工作，保持工作顺畅，最终促成工作闭环。

华为的员工之所以技术过硬，与华为的培训制度有很大的关系。按照公司规定，华为新进入的员工都需要接受公司培训。培训合格后方可有机会上岗。华为有自己的培训体系、培训学校和培训基地。对新员工来说，华为的培训过程就是一次再生经历。在各种严格的培训过后，还有更为严苛的任职资格考试，通过者才能进入华为组织体系，才算是正式的“华为人”。正是因为有这样的系统培训，华为员工的技能才广受赞誉。

轮值CEO制度是华为的制度创新。美国一顾问公司受邀为华为设计公司组织结构，在调查研究后，这家公司根据华为的情况，提出建立EMT（经营管理团队），任正非同意了这个建议，但是他不愿做EMT的主席，最后商讨决定实行轮值主席制度，由8位领导轮流执政，每人半年。经过两个循环，这项制度最终定型为轮值CEO制。

根据相关约定，轮值CEO接受董事会的直接领导，轮值期间是企业最高的行政长官，主要着眼公司的战略制定、制度建设，而将日常经营管理工作，交由高层管理团队的成员分头负责。这种制度的独特之处在于：最高行政长官并非生产经营决策者，而是战略策划和制度建设的主持者，同时，这种职能只在短期生效。

现在还不能完全肯定这种制度一定适合华为的实际情况，不过就目前来说，效果还是非常不错的。随着情况的变化，可能还会进一步调整完善。

总之，在保障企业健康有序运转和推进工作良性循环方面，制度所起的作用是巨大且不可替代的。我们要做的是理解、尊重、完善它，并尽可能利用它解决问题，提高做事效率。

闭环控制和良性循环

闭环控制和良性循环是事物发展的两个不同阶段。闭环控制是为了将事情掌控在自己手中，不至于任其发展到无法控制的地步，而良性循环则是为了让事情更好地延续下去，力争有一个好的开始，同时有一个好的收尾。

举一个生活中常见的闭环控制的例子：

有两家相邻的卖早粥的小店，两家粥店每天的顾客数量相差不多。两家店的食物品类一样，价格也一样，味道也相差无几。然而，晚上结算的时候，左边粥店总是比右边粥店多出百十来元，天天如此。

有一个知情人很好奇，为此他细细观察了几天，最后他发现了其中的奥妙。右边粥店，有顾客进来时，店内人员微笑着迎上去，为客人盛了一碗粥，然后问道："加不加鸡蛋？"顾客说加，工作人员就给顾客加了一个鸡蛋。每进来一个顾客，工作人员都要问一句："加不加鸡蛋？"有说加的，也有说不加的，各占一半。

而左边的粥店，有顾客进来时，工作人员也是微笑着迎上前，盛上一碗粥，问道："加一个鸡蛋还是两个鸡蛋？"顾客说："加一个"。工作人员就给顾客加一个。每进来一个顾客，工作人员盛粥后总问一句："加一个鸡蛋还是加两个鸡蛋？"爱吃鸡蛋的说加两个，不爱吃的就说加一个，也有要求不加的，但是很少。这样一天下来，左边粥店就总比右边粥店多卖出很多鸡蛋，收入差距就这样拉开了。

许多人都有这样的体会，当在麦当劳点餐时，若告诉服务生：“我要一个汉堡、一杯可乐。”服务人员会回应说：“好的！一个汉堡、一杯可乐。另外，要中薯（薯条）还是大薯?”于是你自然顺着回答：“中薯吧!”

实际上这两个现象是同一类问题的反映。实际上你没有想要薯条的意愿，但是对方却没问你“要不要薯条”，而是让你在两个答案之间作一个选择：“要中薯，还是大薯?”你不知不觉中了招，这就是闭环控制。

还有比如你希望约见一个人的时候，如果你只是问对方有没有时间，那么对方的回答只能是“有”或者“没有”，而你要是问对方：“你是明天有时间还是后天有时间?”那么对方极有可能会顺着你的思路来回答，答案可能是“明天下午吧”，或者“下周”。

从管理的角度看，闭环控制和实现企业行为的良性循环是一个企业领导者要具备的战略性眼光和经营策略。企业要想获得长期的良好发展，势必要使企业活动遵从这一发展的策略。在这方面我们不妨学学宋太祖赵匡胤。

历史长河中，五代十国的混战局面结束以后，北宋创建者面临着两个重大问题：一是如何重建中央集权的专制统治，使唐末以来长期存在的藩镇跋扈局面不再继续出现；二是如何使赵宋王朝长期巩固下去，不再成为五代之后的第六个短命王朝。

对此，宋太祖赵匡胤求教宰相赵普：“从唐朝结束以来的数十年，战争频繁，百姓生活在水深火热之中，朕想结束天下的战争，使国家长治久安，如何才能做到?”

赵普回答道：“陛下能够认识到这个事情，真是天地之福，人神之福啊。造成天下的混乱，就是藩镇的权力太大，君主弱而臣子强。如今要想解决这样的情况，只有削弱藩镇的权力，限制他们的财政，将他们的精锐军队收归中央统一调度，这样天下就会太平了。”

听了赵普的建议，宋太祖赵匡胤连连点头。几天后，赵匡胤在宫里举行宴会，石守信、王审琦等几位老将都来了。大家喝过酒后，开始无话不谈。赵匡胤示意身边的太监退出去，然后和大家喝了一杯酒，说道：“没有大家的帮助，我不会有今天的地位，我非常感谢大家。”在场的老将很受用。接着赵匡胤话锋一转：“但是你们可能想象不到，做皇帝也有许多苦衷啊，有时候还不如你们自在。说实话，我都好久没有睡过安稳觉了。”

大家听了知道里面隐含着内情，急问其中的缘由。赵匡胤仍旧不露声色：“人们都说高处不胜寒，确实如此啊！我现在站在很高的位置上已经感觉到寒意了。”

石守信等老将跟随赵匡胤几十年了，马上明白了赵匡胤担心有人觊觎他的皇位，非常害怕，急忙跪倒在地上说：“现在天下已经安定了，没有人敢对陛下三心二意啊！”

赵匡胤摇摇头说：“你们和我南征北战，我自然信得过，但是如果有一天你们的部下为了攫取高位，把黄袍披在你们身上，到时你们怎么办呢?”

石守信等人听到这里意识到大祸临头，十分恐慌，急忙求饶：“我们愚蠢，没有过多考虑，请陛下给指条明路吧！”

赵匡胤见时机已到，试探性地表达了自己想让他们放弃兵权、解甲归田的想法：“人生苦短，犹如白驹过隙，不如多累积一些金钱，多购置一些田产，传给后代子孙，家中多养歌伎舞伶，日夜饮酒相欢以终天年，君臣之间没有猜疑，上下相安，这样不是很好吗?”

石守信等人一听急忙答谢：“陛下能想到这里，对我们有起死回生的恩德啊！”

第二天，石守信、高怀德、王审琦、张令铎、赵彦徽等大臣纷纷上表声称自己有病，请求解除兵权，回归故里，赵匡胤心领神会，欣然同意，准许他们告老还乡了。

赵匡胤此举可谓高明之极，首先他没有放任“藩王权力过大”这个问题不管，而是积极采取行动将权力抓在手中，这就是闭环控制。其次，他采用一个合适的办法实现闭环控制。正由于此，他没有像刘邦、朱元璋那样对开国功臣大开杀戮，而是采取了一条很温和的路线，先是动之以情晓之以理，把情况和自己的苦衷说明，争取各位老将的同情和理解，然后在成功取得了同情和理解的前提下，马上实施了第二步，授之以谋，即提供解决出路的方案。

有了前面的铺垫，这一步实施起来应该说顺理成章，重要的是方案要好，让众人能接受。这一点很关键，出路设计不好，众人就不会满意，不满意就有想法、有怨言，势必就会激化矛盾，那么就背离了设计初衷。赵匡胤是个高明的谋略家，自然明白这一点，他很好地解决了这个问题。对赵匡胤的安排，众人心甘情愿，甚至感恩戴德，这就实现了良性循环。至此，赵匡胤完美地解决了这个事关国家命运的重大问题。

对我们普通打工一族来说，虽然不会遇到如此重大事项的抉择，但是，学会闭环控制和良性循环也是十分必要的。对自己职责范围内的工作，一定要尽自己所能掌控，使其发挥应有的价值和效用，朝着良性方向发展，以保证工作的顺利完成。

和领导保持思想同频

或许是个性使然，或者是缺乏沟通，很多员工对上司常常有这样的抱怨："我的上司一无是处不说，还经常对我指手画脚，简直讨厌到了极点!"

在头脑中产生气愤、烦恼，甚至对别人诉说自己上司的无能，这样的做法绝对是不可取的。你之所以看不上你的上司，原因可能有多方面，但你要这样想，他之所以能成为领导，必然有他的可取之处，毕竟大多数公司不会让一个一无是处的人做领导。

实际上，员工对领导的很多看法，常常源于对领导的误解。

小美到公司上班第一天，同事们就向她"介绍"主管的各种毛病。

"小心点，他非常严肃，你犯一点小错都可能受到最严厉的批评。"

"他总是要求我们按时上班，每天自己却都要晚来半个小时。"

"他简直就是毫无人性……"

没见到主管之前，小美主观上已经受到了同事的影响。等见到主管后，小美发现对方果然看起来一副很严厉的样子。

"小美，你来一下。"

"好的，经理。"小美急急忙忙来到主管的办公室。

主管只是简单地交代了一下小美的工作内容。在小美已经形成的坏印象的影响下，主管的每一个字听起来都非常严肃、可怕。

在以后的很长一段时间里，小美一直小心翼翼地工作，生怕自己一不小心得罪了这位喜怒无常的主管。一天下班时小美发现自己的车出了毛病，焦急无措时刚好碰到正要离开公司的主管。主管主动上前邀请小美搭自己的车回家。

车上两人简单进行了交流。小美才知道，主管每天迟到半小时是因为需要先到总部去开会；而他的冷冰冰，是因为部门里有好多年轻人，不神色郑重，往往引不来重视。而对小错也要严厉批评，是因为小错也可能引发大事故……

第二天上班，小美忽然发现主管的神色和说话似乎也不是那么严肃了。

很多公司，可能是因为身份、地位、角色的不同，领导和员工之间似乎总有说不清的隔阂。员工认为领导苛刻、不人性化，瞎指挥，还喜欢特立独行；领导指责员工没有主人翁精神，做事不负责任，对公司不忠诚，当一天和尚撞一天钟，等等。

显然这样的关系，不利于团队建设，也不利于工作的开展。正如上面所说，对员工而言，上司就是上司，虽然有些方面可能不尽如人意，但对方之所以能成为领导，一定有其道理，或者能力突出，或者团队建设能力强，或者实战经验丰富，或者有强大的人脉资源，或者很会搞关系，总之必有某些方面的优势之处。从这方面来说，员工也不能看轻领导。

另外还有一个员工一定要尊重领导、重视和领导沟通交流的重要原因，那就是很多工作的开展需要领导的支持和配合。作为领导，他拥有你所没有的权力和资源，如果你想干好工作，没有领导的支持和配合，是很难做到的。所以，从这个角度上来说，即便你的领导不合你的心意，能力不如你，也一定要尽量保持与其同频。

可以这样理解同频，就是在思想和言行上保持大致的同一节奏，工作中，相互配合，相互支持，多作换位思考，为对方着想。

松下幸之助习惯在空闲时间巡视一下公司。一天深夜，他发现一间办公室的灯还亮着。“我绝不轻易放过这种浪费公司资源的行为!”一贯严厉的松下幸之助误以为哪位员工下班的时候忘记了随手关灯。

当他打开办公室门的时候，发现一个女员工正在打字机前忙碌。

“我们并不鼓励疲劳作业。”松下幸之助轻咳了一声。

“对不起，董事长。因为临时多了一些材料，所以我留下来打算做完。”

“你为什么不等明天上班再做。”松下幸之助的口气缓和了下来。

“北原主管习惯于一早上班就看当日的材料，所以，我觉得应该今天把它做完，这样北原主管明天一早就可以看到这些材料了！”

简简单单的一句话，感动了松下幸之助，感动他的不仅是这名女员工对工作的负责，更是她能将自己上司的工作习惯作为指导自己工作的态度！

“能如此与上司保持步调一致的员工，绝不仅仅是一名服从上司指令的员工，更会是一名能出色完成任务的员工!”松下幸之助感动过后这样断言。

一周后，这位女员工被提拔为松下幸之助的助理。

由此可见，工作中和领导保持同频，积极支持和配合领导的工作是非常重要且必要的，为此工作中需要做到下面几点：

首先要尽可能深入了解你的领导，了解他的职责是什么？他的工作目标是什么？他需要的配合是什么？他更期待的是什么？喜欢的工作模式是什么？等等。

其次要尝试站在领导的角度去思考问题。通常领导考虑问题的层面要高于员工，所以当你尝试从领导的角度去考量问题时，你会发现很多误解是因为站的层级不够高导致的。有一天当你做到了从领导的层面去考量问题，你会发现领导的很多做法是正确的，从而会更加理解和信任领导。

最后要和领导保持高效的沟通。与领导进行沟通时，要始终以工作为交流的核心，围绕工作坦诚交流意见和看法，要让领导掌握具体翔实的工作动态。在给出自己的看法和建议时，要注意摆正自己的角色，不要将建议说成决策，要把决策权交给领导。

总之，要想让工作得到领导的理解和支持，就要尽可能先与领导保持同频，思想同频，行为同频，多从领导的视角看待和解决问题。在感受到你的“善意”情况下，领导也多半会予以回报，给予你更多的支持，彼此的沟通会更顺畅，很多工作也由此会顺利开展。

第七章

打通自己的底层闭环思维

很多时候，事情没有形成闭环的主要原因在于当事人缺乏做事的底层逻辑和系统思维。这种情况下，有意识打通自己的底层闭环思维，并形成习惯，就会让事情形成闭环。

念念不忘，必有回响

俗话说“念念不忘，必有回响”，意思就是只要你坚定相信某件事会发生，并且谨记心头，常念常记，事情就会有实现的那一天，说简单浅白一些，就是心想事成。想想也是，只要你日复一日、年复一年地一点一滴向着目标前进，带着渴望去行动，那么自然就极有可能心想事成。

我们常常说的“不忘初心，方得始终”也是一种“念念不忘”，它们强调的都是坚持和一以贯之。它们看似简单，但其实极难。要想达成目的，就必须要这样一以贯之。浅尝辄止，三心二意，就很容易落得“空悲切，白了少年头”的下场，看看下面例子中的山羊就知道了。

一只山羊要去山的另一边去找伙伴。途中发现了一处菜园和一片果园。面对鲜嫩的蔬菜和飘香的果子，山羊有些犹豫，它不想放过这么新鲜的食物。通过内心反复的斗争，它决定先吃东西，然后再去找伙伴。可是先吃什么呢？它又犹豫了。经过痛苦的思考过程，最终它决定先吃蔬菜，后吃果子。

山羊来到菜园旁边，菜园的栅栏不仅高而且密，它根本无法挤进去。山羊不得不悻悻地离开，前往远处的果园。看着高高悬挂的果实，山羊怀疑自己的个头是否能够碰到这些诱人的果子。当它低头思索时，突然发现了太阳照在地上留下它那长长的影子：“我这么高大，肯定可以够到那些果子的。”想到这，山羊十分兴奋，开始加速向果园跑去。

太阳渐渐升到了中天。这时，山羊也快跑到果园旁边，看着突然变短的影子，山羊一下子惊得停了下来。“我怎么这么矮小？”山羊惊讶起来。当它再看近在咫尺的果树时，果树好像比之前还要高大许多。“这么高的树，我怎么能吃到上面的果实呢？其实，我刚才如果先把菜园的栅栏啃断几根，是可以进去的，我还是回去吧。”

想到这里，山羊又开始掉头向菜园跑去。跑到栅栏边，山羊便试着去啃那些栅栏。可是，可能是这些栅栏实在太硬，也可能是山羊不愿用自己的牙齿去咬。总之山羊尝试了半天，也没有啃断一根栅栏。这时，太阳已经西斜。山羊又看到了自己高大的影子，觉得自己又有可能吃到果子了，于是，山羊又开始向果园奔去。

最终，这只山羊既没有吃到鲜嫩的蔬菜，也没有吃到飘香的果子，更没有找到伙伴。可以说既丢了初心，又丢了坚持。

闭环思维离不开初心和坚持。没有初心，势必没了方向，而没了方向又何谈坚持，闭环也就成了一句笑话。熟悉企业家历史的人会发现，那些古今中外取得伟大成就的杰出人物，他们成就的获得，无不与念念不忘的“初心”和“坚持”有关。

软件银行集团总裁孙正义很小的时候，他的父亲就一再告诉他：“你长大以后会成为日本首屈一指的企业家。”孙正义六岁的时候，他就这样跟别人介绍自己：“你好，我是孙正义，我长大以后会成为日本首屈一指的企业家。”孙正义每一次自我介绍都加上这一句话，直到后来他成为日本首屈一指的企业家。

在“初心”的鼓舞下，孙正义制定了自己事业的发展蓝图：30岁前，拥有自己的事业！40岁前，拥有至少1000亿日元的资产！50岁之前，作出一番惊天动地的伟业！60岁之前，事业成功！70岁前，把事业交给下一任接班人！

孙正义是这么规划的，也是这样实施的，并且最终也是这样按部就班实现的。

“苹果公司”传奇CEO史蒂夫·乔布斯很小的时候开始问自己：我是谁？我来这个世界上是为了什么？直到他创立“苹果公司”，成为“苹果公司”的CEO，他才知道自己来到这个世界的真正使命是什么，那就是“改变世界”，从那以后他在这个使命的“召唤”下疯狂输出，开始了自己传奇的一生。

日本“经营之神”稻盛和夫曾说：“心不换物，物不至”。在创办京瓷公司时，为了攻克一个技术难题，他昼夜不分搞研究，为了节省时间，他吃住在实验室，每天工作废寝忘食，脑子里时刻想着解决方案，就连睡觉的时候都在想。他极度认真的工作态度和巨大的付出，让他的思路逐渐明晰起来。一天，他不小心踢翻了一桶石蜡，石蜡粘在了他的裤子上。他灵光一现：这就是最好的黏合剂啊！悬而未决的难题就这样异常简单地解决了。

事后稻盛和夫说，这个无意中的灵感实际上是自己日思夜想呼唤而来的，是“神奇的造物主”给予的回响。没有日思夜想的“惦念”，就不会有昙花一现的灵感。

很多时候，我们常常因为走得太快，而忘记了为什么而出发，最终迷失了方向，偏离了轨道。我们要知道，错不在世界，而在于自己。我们身处的这个世界是有求必应的，只要你不忘初心，锲而不舍，世界自会给你应答。

正所谓“心有所念，念有所响，行有所达”。我们所想、所念、所行，会形成我们人生中的一个个闭环，最终回馈给我们。所以，我们要想让生活如愿、事业有成，首先就要坚定我们的初心，笃行我们的坚持。

把思维打通形成闭环

一天，一个老者来到华尔街银行准备借5000元，用期两周。遵照银行规定，向银行借款要有抵押。老者就用自己的座驾，一辆崭新的劳斯莱斯作抵押。

银行工作人员说："您借的时间越长，借的越多，利率越低，您看要不要再多借一些？"老者说："不用，5000元足够了。"老者拿钱走后，银行工作人员将劳斯莱斯停在银行的地下车库里。两周后老者来还钱，除了本金，利息仅15元。

银行工作人员发现老者银行账户上有很多钱，有些不解，便问老者为什么不用自己账户上的钱，却要借款。老者说："在我们这座城市，去哪里能找到15元两周的停车费啊！"

工作人员瞬间恍然大悟。

老者没有循规蹈矩按正常思路行事，而是剑走偏锋，想别人所不想，套路外出牌，却取得了正常思路所没有的效果，不得不说，老者的思维技高一筹。

实际上，类似脑洞大开的清奇思路生活中有很多，再看一例：有两家并排在一起的服装店。由于存在竞争，两家店老板水火不容，每天都打价格战。只要一家店打出招牌出售某款衣服，另一家店会马上打出同款商品的广告，而且价格更便宜。

近三年时间，两家店一直在打着这种价格战。为了争抢客源，双方会轮番降价，最后价格降无可降，这才罢休。而这时，顾客会到价格更低的那家店里消费。

由于两家店的激烈竞争被人们传开，很多人从很远的地方来这里看看，顺便挑几件“便宜货”。一时间两家店声名鹊起。有一天，人们忽然发现两家店的老板竟然是亲姐妹，原来所有的对抗、竞争都是在演戏，演给路人看，演给消费者看。脑洞大开的思路让这姐妹俩赚得盆满钵满，不能不说是思维高手。

要想让思维链条形成闭环，就要让思维从前向后能够贯通，在卡住的时候，及时转换思路，打通节点。平时我们要多锤炼自己的思维，处理事情要尽量多元化思考，拟定多个解决方案。从锤炼思维的角度来看，下面四种思维方式是很重要，也是很有效的。

一是逆向思维。逆向思维也叫逆转思维，是逆着正向思维的方向思考和处理问题。这种思维方式很多时候在正向思维陷入困境时会发挥出意想不到的效果，让问题得到很好的解决。

一次，南唐后主李煜派能言善辩的徐铉到大宋进贡。按照惯例，大宋朝廷要派一名官员与徐铉一起入朝。朝中大臣都知道，徐铉能言善辩，自己的口才不如对方，所以都不愿意接这个差事。宋太祖得知这个情况后，斟酌一番，做出了一个出乎所有人意料的举动。他让人找来几名目不识丁的侍卫，然后随机在一个人的名字上圈了个圈，说：“派他去吧。”

所有人都很吃惊，但也不敢提出异议。最后，这个肩负重任的侍卫被派去见徐铉。徐铉见了侍卫，滔滔不绝地讲了一大堆，侍卫一句话也搭不上，只是连连点头。

徐铉见这个人只是点头不说话，不知道脑子里想什么，也不知道有多大的本事，又不方便问，只好硬着头皮讲。一连几天，侍卫都没有说话，徐铉也讲累了，于是也不再说了。

宋太祖这是以不变应万变，你不是能说嘛，那我就反其道而行之，逆向思考，找个不能说的，看你怎么应对？果然最终让对方“无话可说”。

再看下面这个例子：

一位法国农学家在其他国家吃过土豆后，觉得非常好，便想在法国推广种植。但是，他越是热心地宣传，农民就越不相信，并且，医生认为土豆会对人们的健康造成危害，其他的农学家则认为种植土豆会使土地变得贫瘠。

经过苦思冥想，这位农学家终于想出了一个好办法。他恳求国王许可，在一块出了名的低产田里种植土豆，并由一支国王的卫兵专门看守。之后，农学家公开声明，任何人都不准私自接近这块土地，更不准挖掘其中的土豆。可是，这些士兵只在白天看守，晚上全部撤走。

于是，受不住诱惑的人们，纷纷在晚上前来挖掘土豆，并把它栽进自己的园子里，像宝贝一样对待。这样没过多长时间，土豆便在法国推广开了。

从上面的两个例子中，可以看出逆转思维的魅力。当正向无法解决问题时，不妨反过去想，可能就此会别有洞天，甚至柳暗花明。

二是创新思维。创新思维是相对于常规思维而言的一种思维方式，是个体出于实现一定目的，运用现有资源，推出的一种新颖且有价值的行为方式。

创新思维往往能产生出人意料的效果，对问题，特别是疑难问题的解决有着巨大的现实意义。洛克菲勒曾说：“如果你想成功，就应该走上一条新的道路，而不是遵循被践踏的成功之路。”意外之意就是要想成功，就有必要学会和运用创新思维来解决问题，开创道路。

范仲淹主管浙西时，恰逢当地闹饥荒。可是，范仲淹却没有像其他官员那样急于赈灾，而是做了三件让当时所有人都大跌眼镜的事，其中有一件是举办盛况空前的龙舟比赛。

就在众人大惑不解、摸不着头脑之际，范仲淹出来解释了：“荒年灾月，官府最应该做的不是救济灾民，而是刺激经济。拿办龙舟比赛来说，是为了增加就业，让百姓有收入。”

事后证明，范仲淹三项出人意料的举措都是十分正确的，极大地缓解了当地灾荒对百姓的不利影响。范仲淹反其道而行，违反常规出牌，运用的就是创新思维。

三是发散思维。发散思维又叫辐射思维、放射思维，是一种打破框架限制，充分发挥探索和想象力，思路呈现扩散状态的思维方式。发散思维和创新思维有些相似，都是从已知条件出发，去探索更多的可能性，找出更多、更有效的问题解决方案。

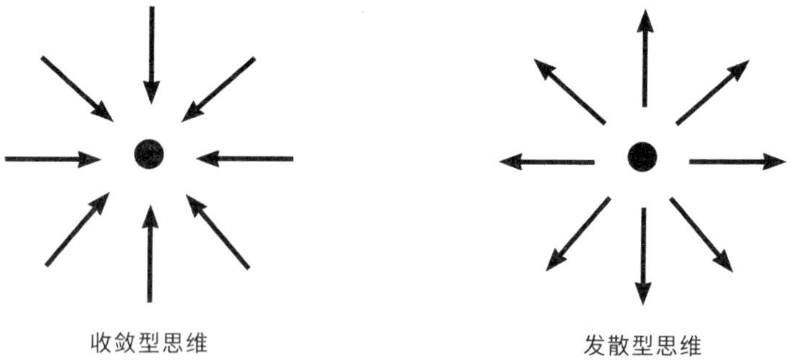

图 7-1　收敛型思维和发散型思维线条示意图

一家玩具公司投放市场的产品热销了一年渐渐平息，销售进入淡季。如何生产出更加吸人眼球的玩具，科研人员陷入了苦思。董事长鼓励大家努力把思维打开。一科研人员想到市面上卖的都是美观漂亮的玩具，假如生产一些丑陋玩具，定会产生不同的效果。想法提出后，董事长立马组织人员投入研发，最终研制出一套“丑陋玩具”，然后迅速投放市场。

果然，“丑陋玩具”一投放市场，立刻受到消费者欢迎，十分热销。反其道而行之的设计取得了成功。

有些时候，真的是思路决定出路。只有思维对路，才能走上“正路”。

四是横向思维。本质上看，横向思维亦属于发散思维，是指突破问题的结构范围，从其他领域的事物、事实中得到启示而产生新设想的思维方式。它不一定遵循某种逻辑或顺序，具有断裂性、拓展性、逆反性和交叉性等特点。

一次，鲁班接受了建造一座巨大宫殿的任务。建造这座宫殿需要大量的木材。为了获取木材，工人们必须上山砍树。当时，他们只有斧头这一种伐木工具，工作效率很低。一天，鲁班也上山了，正走着，无意中手被生长在山上的一种草给划伤了。这让鲁班非常惊讶：为什么这种草这么锋利？于是他摘下一片叶子认真观察。结果发现：叶子两边长有许多非常锋利的小齿。他的手正是被这些小齿划伤的。

鲁班蹲下来仔细观察，他看见一只大蝗虫在草地上啃咬。蝗虫的牙齿非常锋利，很快就会吃掉一片叶子。这也激起了鲁班的好奇心。他抓起一只蝗虫，认真观察它的牙齿结构，发现蝗虫的牙齿也有许多细小的牙齿。这两件事触发了鲁班的灵感，他做了一个有许多锯齿的小竹片，然后用它去锯一棵小树。效果让他吃惊，他发现，很快小竹片就在树干上锯出一条沟。由于竹片强度低，不一会儿就折断了。随后，鲁班让铁匠帮他做一块带小锯齿的铁板。做成后，他和弟子拿着铁板锯齿去锯树，很快就把树锯倒了。

从哲学的角度看，世间万事万物都是有联系的，一些表面上看似不相干的事物，实际上内里却是有联系的，可以相互影响。这就给横向思维提供了用武之地。由于横向思维突破了解决问题的一般思路，其思维广度大大增加，因此有可能从其他领域获得解决问题的启示，也由此提高了解决问题的可能性。这就让它在日常生活中变得不可或缺。

丢掉“巨婴思维”，莫做“职场宝宝”

现代职场中，有一种思维很让人无语，那就是“巨婴思维”，典型的表现是没有责任心、做事不负责任，工作能推就推，喜欢抱怨，不愿吃苦，总是以自我为中心，从不考虑他人，把自己当作一个小孩子。有这种“巨婴思维”的职场人，被习惯地称之为“职场宝宝”。

“巨婴思维”是个人成长和公司发展中的一颗“毒瘤”，往小了说，它会阻碍个人的成长和价值的实现，往大了说不利团队建设和公司的未来发展。

一个女孩入职两个月了，在公司行政岗位工作，刚开始时就喜欢找人帮忙，“帮我回个电话”“帮我送个文件”“帮我做一个考勤表”，成了她的口头禅。最初大家考虑是新同事，可能工作流程和环节不熟悉，能帮着做的就帮着做了，可是一段时间以来，发现女孩还是凡事总找人帮忙，并且如果对方没有帮忙，还一副不愿意的神情。又一个月过去了，女孩没有通过试用期考核，走人了，走时一副趾高气扬的样子。

对这个结果，几乎所有人都没有感到意外。毕竟公司不是家，同事不是家人。

现在是一个内卷很严重的时代，正常情况下，绝大多数公司不会养一个没有工作能力，凡事都找人帮忙的人，或即便工作能力很强，但做事不积极、不愿担责，也绝不是公司所需。

看下面这段对话：

员工："这个工作我没有做好，是因为我还不熟悉这里面的流程，不过我会找同事帮忙搞定的，还有我也会慢慢学的。"

领导："你来公司上班，我收你学费了吗？"

员工："没有。"

领导："那你来上班，公司发你薪水了吗？"

员工："发了。"

领导："那好，公司发了你薪水，是让你来解决问题的，而不是制造问题的。现在你负责的事情出了问题，而且你还无法自己解决，你说你会请同事帮忙搞定，可是他们有他们要做的事，还有你说你会慢慢学，你能告诉我你什么时候能学会吗？学会之前，工作由谁负责？所以你要尽快成长起来，能独立解决问题，而不要指望别人。"

"巨婴"们通常有很强的依赖感，因此要避免成为职场巨婴，首先思想上一定要深刻认识到职场不是家里，同事不是家人，进入职场就要担负起一定的责任，为岗位负责，为同事负责，为公司负责，员工的价值就体现在其工作能力和为公司所作的贡献上。

不要怕被利用，要怕没人利用，成就的获得都来源于才能的发挥。只有想清楚了这个问题，才能加强工作的使命感，主动去学习，主动担责，也才能获得工作技能和经验的提高。为此平时工作中，要做到以下几点：

（1）树立起正确的认知。职场是一个充满多种竞争的场所，所以你不但要内心强大，还要能力强大，最好还要经验丰富。那些依赖性、玻璃心、焦虑感都应该被深埋起来，代之以勇敢、担当、独立、自强，这些才是能够让你在职场生存下去的"法宝"。

（2）提高执行力。没有执行力一切都是空谈，所以你要自动自发给自己加压，改掉做事拖延的毛病，保持时刻向前的态势。可刻意从几方面进行锤炼自己，一是每天安排一张做事优先表，然后按照优先表开展工作；二是为要做的事设立一个合理的期限，然后强迫自己在约定的时间内做好它；三是科学安排时间，在总体上提高执行效率；最终，以结果作为自己执行效率高低、优劣的标准，对自己进行评判和总结，为下一次执行提供借鉴。

（3）学会高效管理时间。学会高效管理时间，也就是在一定程度上学会高效做事，要不然何谈对时间的高效管理。在进行这方面的训练时，可抓住几个要点，一是学会计划做事。做事前，要习惯列一个计划，先做什么，后做什么；用时多少，等等都要有个计划。二是将时间合理安排。把那些费脑力的工作安排在精力最充沛的时候。三是有必要借助一些辅助管理工具帮助自己提高工作效率，比如电子备忘录、四象限管理法等。

当我们成功丢掉潜藏在我们身上的“巨婴思维”，做事自动自发，迎难而上，勇于担当，积极把一个个“拦路虎”都努力解决掉时，我们就会发现我们的做事效率获得了提高，我们的思维也不再幼稚，而变得理智成熟。

努力让想法“闭环”

很多时候，成功仅仅来源于一个灵感，一个突如其来的想法，但是要想把想法变成活生生的现实，形成“闭环”，却不是件容易的事。对个人而言，让想法变成现实，需要多种要素的配合，比如正确的思维、个人的坚持精神、他人的配合以及财力、物力等方面的保障，甚至可能还需要一定的运气。

弗瑞迪是个即将步入成年人行列的大孩子，在暑假将临的时候，他对父亲说：“我不要整个夏天都向你伸手要钱，我要找个工作。”父亲想了想答应了。

于是，弗瑞迪开始从广告栏中寻找招工的启示，最后，他找到了一个很适合自己做的工作。广告上说找工作的人要在第二天早上8点钟到达42街的一个地方。弗瑞迪到时已经有20个求职者排在前面，他是第21位。

怎样才能引起考官的特别注意而赢得职位呢？根据弗瑞迪所说，只有一件事可做，那就是积极开动脑筋思索，于是他进入那最令人痛苦也最令人快乐的程序：思索。在真正思索的时候，总是会从头脑中“蹦”出办法的，最终弗瑞迪果真想出了一个办法。他拿出一张纸条，在上面写了一些字，然后将纸条折得整整齐齐，接着他走向秘书小姐，恭敬地对对方说：“亲爱的女士，请马上把这张纸条交给你的老板，这非常重要!”

秘书小姐是一名很有经验的工作人员。她的直觉告诉他，这个小伙子身上散发着一种成功者的气场，于是她把纸条收下了，并立刻站起来走进老板的办公室，将刚才的事告诉老板，并把纸条交给老板。老板看了纸条，紧锁的眉头放松了，他大声笑了起来。纸条上写着："先生，我排在队伍的第21位，在您看到我之前，请不要作出决定。"

结局怎样呢？结局是：弗瑞迪如愿以偿地得到了那份工作。

1820年，丹麦哥本哈根大学物理教授汉斯·奥斯特无意中发现了一个有意思的现象：如果给一根金属线通电，放在它边上的磁针会发生偏转。很快，这个发现传到了欧洲，许多科学家都为这个现象着迷。英国物理学家迈克尔·法拉第就是其中之一。他按照奥斯特的方法重新做了这个实验，发现真的如奥斯特所说。法拉第给出了科学的解释：导电的金属线能够产生磁场，从而导致一旁的磁针发生了偏转。

由此法拉第认为电和磁之间一定存在某种不为现在人所知的联系，它们之间可以相互转化。在实验的基础上，法拉第提出一个假设：既然电流能产生磁场，那么倒过来，磁场也会产生电流。1821年，法拉第开始做磁产生电的实验。

但是，他做了许多次实验，结果都失败了。有些人劝他还是放弃吧，并且说，只有电流能产生磁场，磁场不会产生电流。可是法拉第却坚信电和磁之间肯定能相互转化。在这种信念的"召唤"下，法拉第坚持实验。1831年，他将一块条形磁铁插入一只缠着导线的空心圆筒中，结果让人惊奇的一幕发生了——电线两端连接的电流计上的指针发生了微弱的偏转！啊，苦苦寻觅的电流终于产生了！

法拉第的想法变成了现实，形成了一个完美的闭环，成功的因素是多方面的，但就他个人而言，他的思维、他的专业知识、科学见识以及坚持精神都是不可或缺的。

就思维而言，每个人要想成功，要想让自己的梦想、规划、方案实现完美的“闭环”，都需要首先打通自己的思维。只有思维贯通了，才能给行动以指引。

有一位知名教授虽然收入不菲，但是由于家里孩子多，负担很大，恰巧，有人聘请他做家庭教师兼顾问，报酬是他工资的 2 倍，工作地点在雇主家中。

这对他是个“考验”，他面临去或者不去的两难选择。去的好处很明显，那就是工资高，能够缓解家庭经济压力。不利的地方有：工作地点离家有些远，路上耗费的时间多，另外工作时间可能无法确定，不利于自己的研究工作，还有就是和雇主相处的问题。

聪明的教授没有二选一，而是改变了选项，确切说是增加了选项，他向雇主提出两条建议：一是他是否可以推荐一人代替他前往您（雇主）家中，他远程指挥，如有必要，他会随叫随到，亲自前往；二是如果将来我们闹僵了（万一的话），导致工作无法继续，那么您（雇主）是否可以每年支付一半的酬金给我，直至终生。

最后，雇主同意了他的建议。这里，教授也是没有直接作是非选择，而是开动脑筋，提出合理化建议，拓宽了选择的范围，最终得到了满意的结果。

初等几何告诉我们“两点之间直线距离最短”，从平面空间上看，也确实如此，但是如果将其放在立体运动中，就要换一种说法才准确，看下面的图：

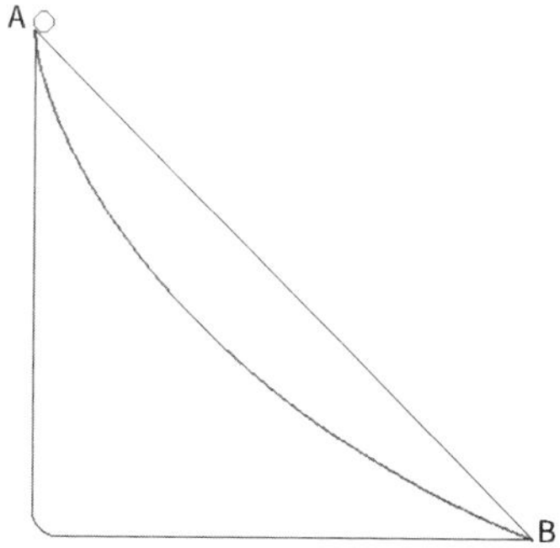

图 7-2 “最速曲线”示意图

一小球从A顶点分别沿着直线和曲线下滑，问走哪条路径将最先到达B点。答案是沿着曲线下滑将最先到达B点。不是两点之间直线最短吗？是的，没错，可是这不代表沿直线下滑用时最短。这条曲线被称为“最速曲线”。

思维从来都不是固化的，也不应该是被固化的。如果把目标看作一个湖中岛，那么前往目标岛既可以坐船，也可以乘飞机，还可以搭载氢气球，甚至可以建一座桥。至于采取哪种实现的方式，则要看实际情况和现实的需要。总之，实现的方法有多种多样。

看看下面的例子对你是不是有所启示。

有三个使者受本国君主之命来大国请求联姻。大国君主没说同意也没说不同意，而是给对方出了一道难题，并说成功者可联姻。

题目是将一根丝线穿过有九曲孔道的夜明珠。孔道很细，且弯弯曲曲，针线无法穿过。第一名使者拿来一根很细的金丝，勾着丝线穿。但费了半天劲，脸涨得通红，也没能穿过去。第二名使者换了个办法，他在孔的另一端用力吸气，想把丝线吸过来，可是最终也没能把线给吸过去。第三名使者很聪明，他找来一只蚂蚁，然后把线系在蚂蚁的腰间，再将蚂蚁放在小孔的一端，之后在蚂蚁后边吹气。蚂蚁受气流的驱动，就往孔里面爬，继续在后面吹气，蚂蚁就爬过了九曲小孔，丝线也带了过去。

一个老人住在海边，享受着安静的退休生活。可是这份宁静被几个来海边玩的孩子打破了。老人想让孩子们离开，于是想了个办法。他对几个孩子说，看你们来这里玩我很开心，为表示我愉快的心情，我每天给你们一块钱。孩子们很高兴。过了几天，老人说，最近收入不好，只能每天给你们五角钱了。孩子们有些不高兴，但也没说什么，依旧每天来老人这里玩。又过了几天，老人叹着气对这几个孩子说，真是抱歉，收入又减少了，只能给你们一角钱了。孩子们顿时不高兴起来，就给一毛钱，谁浪费时间在这里陪你玩，以后再也不来了。自此，老人重新过上了安静的退休生活。

所以，当“偷盗者罚款2000元”没有效果时，不妨将其改为“举报偷盗者奖励500元”，可能事情就会发生奇妙的变化。

先完成，再完美

管理学中有一个定律叫“彼得斯定律”，是指为产品最后1%的完满性所做的努力，可能导致市场的丧失。实际上，这里面含着我们常说的“完美主义”，为追求产品百分百的“完美”，也就是追求产品最后1%的完满性，不顾实际情况，付出大量时间和精力，不计代价“填坑”，最终却错失时间和良机，与成功失之交臂。

世人多有爱完美的情结，但奈何世界上本就没有什么完美的事物，所以完美只能是虚幻的，是你一厢情愿臆想的结果。

一天，柏拉图向他的老师苏格拉底求教，问老师什么是爱情。苏格拉底领着柏拉图来到一块麦田，让他去麦田里摘一支最大、长势最好的麦穗回来，条件是只能摘一次，而且只能往前走，不能回头。柏拉图走进麦田，边走边看，发现有的麦穗很大，长势也好，但是他却很纠结，纠结摘还是不摘，摘了怕前面有更大、更好的，不摘又担心错过了，最终他还是选择不摘，一直到麦田的尽头，然后两手空空回来了。

苏格拉底问他为什么没有摘到。柏拉图说，因为只能摘一次，又只能往前走，不能回头。发现有符合要求的，但又担心前面有更好的；而走到前面却发现总不及之前看到的，又不能回头，只好空着手回来了。听后苏格拉底意味深长地说道：“这就是爱情。”

完美主义就像爱情，总觉得不够完美，总觉得前面会有更好的，一直往前走，但最后也没有找到百分百完美的，只能两手空空。

相比较之下，下面这名学生的做法是值得推荐的。情节类似，不过是柏拉图换成了三名学生，问题换成了“如何找到一名理想的伴侣”。前两名学生的情形和柏拉图类似，选来选去，一无所获，最后两手空空回来。

与前两名学生的做法不同，第三名学生将麦田大致分为三段，在第一段麦田时，他仔细观察，并不动手，他将麦穗分为大、中、小三类；在第二段麦田时，他还只是观察，暗暗将两块麦田的麦穗进行比较，以验证之前的判断是否正确；在第三段麦田，在仔细观察后，他摘下了经比较后的理想麦穗，然后心满意足地走到麦田尽头。

虽然第三名学生摘到手的麦穗不一定是整个麦田里最大、长势最好的，但相信应该也是很不错的，相对于前两名两手空空、一无所获的同伴，他完全可以算得上人生赢家。

正所谓“求全莫贪全”，追求完美没有问题，但不应该执着于百分百的完美而无法自拔，很多时候，由于各种客观条件的限制，完美如同水中月，是可望而不可即的。所以，在无法达成完美的时候，不妨先在现有条件下完成闭环，然后再尽量使之完美。切莫不顾实际追求完美，最后与成功失之交臂，留下一个永远都无法闭合的“环”，空悲叹！

切莫像下面这个人为追求“完美”而最终碌碌无为。

甲要在客厅里钉一幅画，请邻居乙来帮忙。画已经在墙上扶好，正准备砸钉子，乙说：“这样不好，最好钉两个木块，把画挂上面。”甲就遵从乙的意见，让他帮忙去找木块。

木块很快找来了，正要钉，乙说：“等一等，木块有点大，最好能锯掉一点。”于是便四处去找锯子。找来锯子，还没有锯两下，

“不行，这锯子太钝了。锯出来的面不光滑。”他说，“得磨一磨。”他家有一把锉刀，锉刀拿来了，他又发现锉刀没有把柄，怕影响效果，他又去校园边上的一个灌木丛里寻找小树，要砍下小树。他又发现甲那把生满老锈的斧头实在是不能用。他又找来磨刀石，可为了固定住磨刀石必须得制作几根固定磨刀石的木条。为此他又到校外去找一位木匠，然而，这一走，就再也没见他回来。

最后，那幅画，还是甲自己用一个钉子把它钉在墙上。下午甲看见到乙的时候，是在街上，他正在帮木匠从一家五金商店里往外抬一台笨重的电锯。

完美常常成为“永远不可能做到”的代名词。致力于追求完美的人往往在事情到来之时，总是先有积极的想法，然后头脑中就会冒出“我应该先……”的想法，这样一来，他们的一条腿就陷入了“完美主义”的泥潭。一旦陷入，将顾虑重重，不知所措，无法定夺何时真正开始，时间一分一秒地浪费了，最终只有以懊悔面对仍悬而未决的事情。

要正确看待和处理“完成”和“完美”的关系。多数情况下，两者并不矛盾，当然它们也有对立的时候。我们要认识到，完美只是完成的附属品，从这一点上看完成要先于完美。再有完成是本质，而完美是表象，从这一点上看完成也重于完美。虽然完美多数情况下，可遇不可求，但不代表我们不去考虑完美，可以把完美视为追求的最高目标，但绝不应成为迟迟不行动或徘徊不前的理由和绊脚石。

简而言之，做事要“先完成，再完美”，要在完成的基础上追求完美。秉持两个处理原则：一是当完成和完美可以兼顾的时候，追求完美是必要且重要的；二是当完美影响到完成时，则应当以完成为主。

避免拖延，高效做事

有些时候，事情之所以没有形成闭环，是拖延造成的。拖延的原因多种多样，有主观原因，也有客观原因。帕金森时间定律告诉我们：工作会自动地膨胀并占满所有可用的时间。如果你是个拖延患者，那么即便是一件很简单，不用多长时间即可完成的工作，你也可以拖延很长时间完成。而一个做事高效的人，可以同时应对几件事，并且可以处理得很漂亮。

虽然造成拖延的原因多种多样，但大致可将其分为主观原因和客观原因。主观原因，比如追求完美，导致事情无限拖延下去，还有不知道解决问题的途径和操作方法，从而让事情陷于停顿；客观原因就更多了，条件不具备，能力不够，他人不配合，等等，都可以让事情无法实现闭环。对客观原因，只能是想方设法去解决，难题一旦解决了，事情也就能形成闭环了。

对主观造成的拖延则需要找出自身原因，然后针对性地加以解决。这里介绍一个适用于大多数人的提高做事效率、避免拖延的方法，如果你有这方面的困惑，不妨借鉴一下。

1. 做事之前设定时间期限。

正如鲁迅先生所说："时间就像海绵里的水，只要愿挤，总还是有的"，所以时间是"压"出来的。很多时候，时间过于充裕，会让自己变得懒散，效率也由此变得低下，所以在某项工作开始之前，给自己设定一个合理的时间期限，然后强迫自己在这个设定的时间内完成工作。需要注意的是，这个设定的时间期限一定要合理，不能如何努力都达不到，要“跳一跳，够得着”才好，这样才会起到激励的作用和效果。

要想让设定的时间期限起到应有的作用，最好给自己设定一个专注时间，这样有利于督促自己更加集中注意力完成任务。

可以设定20分钟为一个工作的专注时间段。在这20分钟内，必须专注于眼前的工作，不受任何干扰，直到20分钟的闹铃响起。然后休息5分钟，做做深呼吸，或到户外活动一下，让自己的身心适当放松，之后再设定下一个20分钟的专注时间段。如果20分钟感到有些长，可以先设定较短的时间段，如10分钟、5分钟，甚至1分钟的期限。如果在这个期限内能专注工作了，就试着适当增加专注时间段的长度。

除了限定时间期限外，还可应用二八法则，就是不要让自己滞留在那些浪费时间的事情中，要有所取舍，以更好地利用时间，高效做事。假如有多个项目要去做，可是时间只允许去操作小部分，那么，就可以试着找出这些项目里面贡献率最小的80%，然后毅然将这80%淘汰掉，保留剩下的20%，接着集中大部分精力和时间去做。这样，问题就得到了很好的解决。

2. 将工作内容具化和细化。

一个项目过于庞大，涉及环节繁多时，往往会让人不知从何下手，由此造成拖延，这个时候就有必要对工作进行具化和细化。可分两步走：

（1）把问题写出来。“吉德林法则”告诉我们：“把难题清清楚楚地写出来，便已经解决了一半。”大问题往往都是由若干个小问题组成的，所以一个简单有效的办法就是把大问题分解成若干个小问题，也就是把大问题具化和细化，然后针对性解决这些被分化出来的小问题。将这些小问题解决了，那么大问题也就解决了。即便有些小问题无法解决或者解决不到位，也会在一定程度上促进问题解决的进程。

（2）复杂的事情简单化。不要被复杂的事情吓倒，要抓住事情的主要矛盾，清楚自己要的是什么，然后有意识地忽略不太重要的环节或程序，化繁为简解决问题。可在具体做之前，问自己三个“能不能”：

①能不能取消某些环节；

②能不能将某些环节合并起来；

③能不能采用更简洁的办法。

这三个问题提纲挈领，有助于将不重要的环节剔除或者合并，从而简化问题，推动解决问题的进程。

3. 使用时间管理工具。

时间管理工具有很多，可根据自己的实际情况采用。这里介绍一个时间管理法，叫“四象限法”。这个方法适用于大多数人。

“四象限”法就是将所要处理的事情分为四个“象限”：第Ⅰ象限代表重要又紧急的事情，比如即将到结束期的工作任务；第Ⅱ象限代表重要但不紧急的事情，比如建立人际关系、制订规章制度；第Ⅲ象限代表不重要却紧急的事，比如来电、部门会议；第Ⅳ象限代表那些不重要也不紧急的事，比如闲谈、看娱乐新闻。

对这四个象限代表的事，在时间分配方面，可这样安排：20%～25%的时间用在第Ⅰ象限；65%～80%的时间用在第Ⅱ象限；15%的时间用在第Ⅲ象限；1%时间用在第Ⅳ象限。

人，只有给自己紧迫感，在可能的最短时间之内把事情做完，才能够放松下来享受剩余的自由时间所带来的幸福。我们没有办法超越时间的长度，但是却可以超越时间的宽度，让时间变得更为厚重，更为高效。

第八章

让闭环思维成为一种习惯

习惯是有巨大驱动力的，如果我们能养成小事闭环、大事闭环、事事闭环的习惯，那么就会极大地提高我们做事的效率和成事的概率。

小事也要“闭环化”

事实证明，平时只有在小事上多进行闭环化思考，才有可能在处理大事时自然而然运用闭环思维。如果对小事敷衍了事，有始无终，对环节缺失无所谓，那么是不可能养成做事闭环化思考习惯的。因为习惯总是从小事开始的，由小及大。那么如何培养做小事也“闭环化思考”呢？

首先要重视小事。要树立“小事不小”的态度。只有做到眼中无小事，才可能树立起正确的做事态度，也才可能将做小事当成做大事的桥梁，用心做好。

汤姆曾是美国福特汽车公司最年轻的总领班，这可谓是一个奇迹，因为汤姆只是一个制造厂的杂工。他20岁时进入福特公司，开始时只是一个极普通的打杂工人，做的几乎都是零碎不起眼的小事。但是汤姆从来没有怨言，而是极其负责，认认真真地做好每一件小事。福特公司共有十几个部门，每个部门的职能和工作性质各不相同，而汤姆几乎到每个部门都工作过，从而熟悉了各个部门的工作内容和流程。

一年半的杂工之后，他主动申请调往汽车椅垫部车间工作，将制作椅垫的技术全部掌握之后，他又陆续申请到电焊部、车床部、喷漆部等部门工作，不到5年的时间，他一点一滴地学会了几乎整个汽车零件的琐碎工作。最后，他申请调往装配部门工作。由于他熟知汽车的每一个零件和生产装配步骤，因此，他在装配线上大显身手，很快得到了上司的注意并把他升为领班。后来由于他对所有部门的业务都很熟悉，又升为15位领班的总领班，成为福特公司内一位有重要影响的领导。

在工作中，几乎没有一件小事是可以被忽视的。事业大厦的根基在于无数个不起眼的小事，而这些小事做成功了，才能够建造最稳固、最牢靠的事业大厦。汤姆正是从无数的平凡的小事做起，并努力将它们做好，才到达了他人生事业的高峰。

实际上，事并无小事和大事之分，事与事之间都是相关联的。很多时候有的人不做小事，不是他做不了，而是他的思想在作怪。有的人着眼于小事，踏踏实实、勤勤恳恳地做好每一件小事，最后提高了才能，赢得了机遇，获得了人生和事业的成功。所以，养成愿意并乐意做小事的习惯，用高度的热情和耐心对待生活和事业中的每一件小事，用心地做好每一件小事，就会让所做的事情形成一个个“闭环”，最终让自己受益。

其次要学会处理小事。小事相对于大事，涉及的环节可能没有那么多，也没那么复杂，相对简单，所带来的影响亦可能会小些，但这不是说对小事的处理就可以随随便便。天底下就没有可以随随便便对待的小事。小事的处理同样需要讲究方法和技巧。只有方法、技巧合适了，事情才能得到圆满的解决，小事才不会演变成大事故。

最后要学会从对小事的处理中得到启发。从解决小事中学到东西，一是会扭转对小事的看法，提高对小事的重视；二是可以积累经验，提高处理事情的能力，促进工作闭环。

一个从名校毕业的大学生进入一家大型贸易公司工作。虽然系出名门，但公司分派给他的工作却很琐碎细小。整整一年，他只负责贴票据、给客户发邮件以及整理和客户的会谈纪要。终于有一天他忍不住了，向总经理提出了辞职。经理问辞职的原因，他说他一个名校毕业生，每天只干这些琐碎的事，感觉自身的价值没有得到体现。

总经理问他："从这些你所谓的小事中，学到些什么没有？"大学生回答："有什么可学的，按部就班做就好了。"总经理听后讲了一件让他震惊的事："公司之前有个助理，负责的事情和你一样，也是贴票据，发邮件，整理一下文件的你所谓的小事，大约一年后，他根据经手的票据、邮件及其他资料，整理出一个表格。整理出来后，他发现一些规律，如通过统计出来的数据，他知道哪些客户是中长期客户，哪些客户是潜在客户，订购的产品涉及哪些方面，又有哪些产品有增长的空间，等等。他将这些信息记在脑海里，每当领导询问相关问题时，他总是能及时又准确地回答上来，而且还时不时能提供一些重要的信息和建议。领导越来越重视他，把更多的重要工作交给他做，而他秉持一贯认真负责的态度去处理，现在这个人已经是公司的重要领导，而这个人就是我。"

大学生深受启发，从此改变了对自己工作的看法，又过去半年后，大学生被调去销售部，再半年后，升为销售组长，一年后，所在的销售主管离职了，他被提升为销售部的主管。

端正了对小事的看法和态度，并从处理小事的过程中积累了做事的经验，提高了处理问题的能力，久而久之，做事时就不再特意区分是小事还是大事，而是一以贯之，小事如此，大事亦如此，事事皆如此，这样就养成了做事持之以恒的习惯。

以习惯为驱动

关于习惯，亚里士多德曾有一段精彩的论述：“我们每个人都是由自己一再重复的行为所铸造的，也就是习惯铸造了我们的行为。由此来说优秀不是一种行为，而是一种习惯。”换一个角度来说，我们的人生在一定程度上由我们的习惯所决定。

习惯具有双重作用，既可以是一个“坑”，让你深陷其中无法自拔，将你“拴”得死死的；也可以是一个弹力器，能助力你在前行路上飞速前进。

前者体现的是习惯的负面作用，后者体现的是习惯的正面作用。习惯的负面作用，可以通过下面两个小例子了解一下。

第一个例子：

一头小象被一条粗壮的铁链拴着。刚开始小象还用力挣扎，企图摆脱铁链，但无力挣脱。时间一长也就不再挣扎了，只在铁链所限的范围内活动。后来粗铁链换成了细铁链，小象只要用力一挣，就会挣断铁链，获得自由，可是小象却没有这样做，依旧只在之前的活动区域走动。几年后，小象长大了，这时细铁链也被取了下来，小象（这时已经变成了大象）获得了自由，但是令人吃惊的是，小象没有丝毫奔赴自由的意思，依旧只“徜徉于”昔日的活动区域，没有向外跨出一步。

第二个例子：

阿西莫夫从小就表现出比同龄孩子高的聪慧，年轻时多次参加“智商测试”，得分总在160左右，是“天赋极高”的人。有一次，他遇到一位汽车修理工，是他的老熟人。修理工对阿西莫夫说：“嗨，博士！我来考考你的智力，出一道思考题，看你能不能回答正确。”

阿西莫夫点头表示同意。修理工说：“有一位聋哑人，想买几根钉子，就来到五金商店，对售货员做了这样一个手势：左手食指立在柜台上，右手握拳做出敲击的样子。售货员见状，先给他拿来一把锤子，聋哑人摇了摇头。于是售货员就明白了，他想买的是钉子。

聋哑人买好钉子，刚走出商店，接着进来一位盲人。这位盲人想买一把剪刀，请问：盲人将会怎样做?”

阿西莫夫顺口答道：“盲人肯定会这样……”他伸出食指和中指，做出剪刀的形状。

听了阿西莫夫的回答，汽车修理工开心地笑了：“哈哈，答错了吧！盲人想买剪刀，只需要开口说‘我买剪刀’就行了，他干吗要做手势呀?”

这就是习惯的强大负面作用，它不但可以禁锢行为，同样也可以禁锢思想，让你习惯于既定的一切，不去想做任何改变。我们应该将闭环思维培养成为一种习惯，发挥它的良性驱动作用，而不要被错误的习惯所禁锢。

那么如何将闭环思维培养成为一种习惯呢？方法可参照下面所说的进行：

一是打破旧规则，建立新规则。从本质上看，规则是为目的服务的，如果发挥不了作用，那就打破它，重新建立一个规则服务目的，实现新的思维“闭环”。

一个妻子想让丈夫早点回家，于是和丈夫约定，晚上十一点前回家，过时锁门。第一周丈夫如约回家，妻子很高兴。第二周丈夫晚归了，妻子按约定将门上锁了。可是丈夫干脆不回家了。妻子很郁闷。后经一个高人指点，妻子将规则变为：晚上十一点前不回家，我就开着门睡觉。丈夫大惊，从此再也没有晚于十一点回家。

二是事无大小，坚持闭环。从本质上看，习惯是一种惰性。如果你凡事不分大小都坚持闭环化思考，而不是有选择地使用，不因为要做的事很小，而不重视，敷衍了事（这样的话一方面会让事情的完善度打了折扣，另一方面会让自己养成惰性），那么久而久之，就会养成习惯。此后做起事情来就会自动化“闭环”。

三是想清楚了，马上去做。《习惯的力量》一书中有这样一句话：“世界上有两种人：一种人是空想家，一种是行动家。空想家善于谈论、空想、渴望，甚至梦想做大事；行动家没有那么多想法，他们只是想好了马上去做。”久而久之，皆成了习惯。

当然这里的行动不是盲动，而是要有目的、有计划的行动，比如事先要制订好行动计划、将大的目标分割成小目标、设定任务完成的期限，等等。

四是及时回顾和总结，强化复盘能力。某项工作或活动结束了，要及时回顾，并作一下总结，提炼其中宝贵的经验教训，用于对后面工作的提醒、警示和帮助。坚持做下去，就会形成闭环习惯。

事实已经证明，做事闭环习惯的养成，能够让我们的自身能力及价值在无意识中获得螺旋式上升，所以我们一定要主动培养闭环化思考、闭环化做事的习惯。

有逻辑地做事

有逻辑地做事对闭环思维的建立十分重要，试想一下，如果不能或者不会有逻辑地做事，该后期做的事拿到前期来做，前期要做的事推到后期去做，环节错位，选择性错误，胡乱行动等，必然会给闭环思维的形成带来阻碍，所以学会有逻辑地做事是建立闭环思维的重要前提条件。

美国成功学大师卡耐基在自己的著作里讲述了这样一件事：

1920年初，我刚刚完成了那本《影响力的本质》一书，打算在芝加哥的某家饭店里租用一个大型活动厅，举办一个大规模讲座，入场券每张10元。当一切准备就绪，入场券也已经被印好的时候，我接到了这家饭店的通知，要求将租金多加一倍。

很显然，无论谁遇到这样的情况都会感到为难的，去责问饭店经理吗？显然不会取得好的结果，因为饭店经理总会摆出让人足以无言以对的理由，况且他们关心的只是他们的事情，

我办不办得成讲座恐怕不在饭店经理的考虑之内。

我考虑好后，找到了这家饭店的经理，很平静地对他说："得到这个消息，我很吃惊，但是我一点都不怪你，如果我处于你的位置，我也会这么做的。作为一名经理人员，使饭店的利润增加是他的责任。现在我们拿出一张纸，把你增加租金的益处和弊端都写下来，然后让我们来分析一下，好吗？"

我在一张纸上写了"利"字后，在它的下面列入了"利"的方

面，包括活动厅空下来以后，如果把它租给别的社团开大会或集会用，要比租给我办讲座得到更多的收入。然后我又在另一张纸上写了“弊”的方面，并在它的下面列入“弊”的一面，包括饭店一方在这十天里将会减少收入，因为我没那么多钱，即使有那么一两家来租用，也不会一下子就租十天。另外来听我的讲座的大多是大学里的教师、学生，还有不少企业管理者，如果我办不成讲座，饭店会失去一个很好的宣传的机会。

我把纸片写好以后交给了那位经理，仍旧很平静地说：“先生，有些时候，财富是潜在的，我很遗憾，你们和我都要失去一个大好的机会了，你能好好考虑一下吗？我静候回音。”

没过几天我收到了一封信，信中经理高度赞同了我的意见，并说按照我的建议收取租金。

从方案的谋划到方案的实施，卡耐基可以说完全遵照逻辑一步步展开，最后的结果也如他所料想般圆满。这就是按逻辑做事所带来的好处。这就让我们明白了，为什么生活中很多人总能轻松高效地完成工作，而有些人忙得一团糟却没有一个好结果；为什么有些人总是能实现既定目标，而有些人却总是迷失在半路上，其中关键之处就是是否按逻辑做事了。

那么如何有逻辑地做事呢？通常可参照下面的流程“三步走”。

第一步，对问题进行全面的考量。

影响一件事或某项工作的因素往往不是单一的，这些因素相互影响、相互制约，甚至相互对立，共同作用于某件事或某项工作。在处理问题时，要对这些因素进行认真分析，全面考量，找出它们之间的内在关系和影响机制，然后在此基础上对它们做出合理安排，既使其避免对立，又形成合力。

这里需要注意并处理好两个关键问题：

一是将所面对的事物或问题作为一个整体、一个系统来进行思考分析，不要割裂它们，进而获得对事物整体的认识，或找到解决问题的恰当方法。

二是做事情前做好对全局的梳理。有的人做一件事情前，不考虑自己有没有资源和条件及能力完成此事，便开始行动，结果往往事半功倍，等做了许多无用功后，才发现做不下去。正确的做法是，开始做之前，先要找到系统的结构，然后根据结构梳理出事情的脉络，对其作出全面的考量，接着才是按部就班往下进行。

第二步，对各个环节作出合理安排。

在明确了事物的各个影响因素之间的因果关系后，就可以根据它们各自所起的作用和影响程度作出合理安排，先做那个，后做那个，重点做什么，难题是什么，如何解决，还有在什么情况下要做，在什么情况下不能做，等等，都要作出合理的预案。

第三步，制订行之有效的解决方案。

在做出预案后，要进行反复的论证，要尽量站在不同角度、不同层面推敲这些预案，看它们是否能够“圆满”解决问题，能否形成正向闭环。如果不能，则需要考虑是否推倒重来。

总之，要想让所做的事闭环化，遵从内在的做事逻辑是重要的前提。只有坚持遵从按逻辑做事，并养成习惯，在处理问题时才会自然而然从逻辑角度出发考虑并处理事情。

以兴趣之刃开路

人们常强调要兴趣做事，是因为人们认为，兴趣是行动最好的驱动力和排除万难的决心所在。那么兴趣对做事到底有多重要呢？伟大的科学家爱因斯坦曾说过："兴趣是最好的老师。"试想一下，一个不渴望得到面包和牛奶的人，会为了得到它们而付出辛苦的劳动吗？当然不会。只有当一个人对某件事情产生浓厚的兴趣和有强烈的达成愿望的动机时，他才会立即采取行动，并坚持下来，直到目标达成。这就是兴趣之于事情的重要性。

爱迪生一生有两千多项创造发明，有人曾质疑他如此拼命工作到底累不累，对此爱迪生回复说："我喜欢做实验，我从没把它当成痛苦的工作，我在做我感兴趣的工作，怎么会感觉累呢？"著名导演达伦·阿伦诺夫斯基在哈佛大学的演讲中说："我尽力让我的生活没有遗憾，我尽量选择那些让我觉得充满乐趣、让我喜欢的道路，因为那样的路才是正确的，才是可以坚持下去的。"

这启示我们，对因兴趣缺乏而拖延做事的人来说，改变拖延最有效的工具就是"兴趣做事"，即尽量从事自己感兴趣的工作。事实也证明，兴趣做事要比使用任何工具都高效。

在兴趣的驱动下，人会自动自发做事，遇到挫折和困难，不会轻易放弃和退缩，想尽办法攻克难题，并且要求严格，力求尽善尽美，不留遗憾，直至目标圆满完成。如果每一件事都能保持这种"兴趣做事"的态度，以至养成习惯，那么成功闭环的概率必然会很高。

居里夫人发现"镭"就是个极好的例子。从小对"科学实验"

感兴趣的她在“铀射线”被发现后，科研的兴趣被焕发出来，随即她就决定对这个课题进行深入研究。就是在这个“兴趣”的感召和鼓舞下，居里夫人在简陋的科研条件下，几年如一日忍受寂寞和清冷，克服了普通人难以想象的困难，坚持实验，最终成功发现和提取了新元素“钋”“镭”。试想一下，如果没有兴趣的支撑，是难以做到几年如一日在艰苦的条件下坚持实验的。

如何能做到兴趣做事呢？从整体来说，可从两个方面来进行：

一是把兴趣爱好和工作合二为一。兴趣即工作，工作即兴趣，这是最完美的形式，好处在于不用刻意追求和改变，不用扬鞭自奋蹄，工作中精神状态好，身心愉悦，干活自动自发，积极主动解决问题，努力开拓进取，这种状况下，多半会获得好的结果。就像爱迪生之热衷于发明创造；居里夫人之热爱科学实验。

二是从不感兴趣的工作中找到乐趣。现实和理想之间有差距是十分正常的事，这种情况下，就要想办法从不感兴趣的工作中发现乐趣，把工作培养成兴趣。这看似很难，但不至于行不通。实际上，工作与兴趣之间，往往只差一线之隔的心态。心态调整过来了，这条界限也就渐渐模糊，最后消失，工作也就变成了兴趣，或者变得有些喜欢。

菲尔·格雷厄姆是美国报业系统的一名大亨，曾一度成为美国最大的报业主。然而，谁能想到在商界取得如此成就的格雷厄姆，其实对经商并不感兴趣，他的兴趣在于政治，他曾在法院任职，当过美国最高法院法官弗兰克福特的助手。然而，当他在自己的仕途上走得兴趣盎然时，他的岳父却要他接手《华盛顿邮报》。

种种原因，让格雷厄姆不得不放弃自己的政治事业，而从事自己并不感兴趣的商界工作。但与大多数人不同的是，即使他并不认为这是一份有乐趣的工作，他也没有敷衍。他努力将自己对政治的热情转移到报业这一陌生领域中来，他努力地去寻找其中的乐趣。

很快，他发现了其中的乐趣，他一头扎进报业的“海洋”中畅游，并最终取得了非凡的成就。

兴趣是可以培养的，也是可以中断的，要想让兴趣持续不中断，一要学会心理调适，张弛有度，保持弹性；二是使之成为一种做事的习惯。成为习惯后，无论是做小事还是大事，都会积极筹划，周密安排，遇到困难会主动想方设法解决，努力形成闭环。

有了兴趣，必然会产生动力，也会带来更多的投入。而心甘情愿付出的时间和精力所带来的进步和成就感，会催生出更大的兴趣，从而形成良性循环。

拆解问题，提高效率

事实告诉我们，在处理一件过于宽泛、环节众多的问题时，由于主客观条件的限制，很多时候是很难形成真正闭环的，所以要尽量避免大而全解决问题，而要追求小而精处理，就是说要学会把一个整体大的项目拆解为多个小项目，化大为小，然后逐个解决突破，这样每一个环节都形成了闭环，而众多的小闭环串联起来，就会形成大的闭环，最终提高了做事效率，达成了目的。

日本运动员山本田一曾获得东京国际马拉松邀请赛的冠军。他是怎么做到的呢？山本田一在自传中这样总结自己的比赛经验：

“在每一次比赛之前，我都会将比赛沿途一些比较醒目的标志记录下来，例如，第一个标志是博物馆；第二个标志是银行；第三个标志是一座别具一格的房子……

当比赛开始后，我就将这些标志作为征服的目标一步步努力去征服，每当经过一个目标的时候就会觉得自己在成功的同时又获得了一次巨大能量。我就在这样不断地征服中轻而易举地跑完了整段路程。成功也随之而来了。”

这也就是让我们将最终的目标拆解成多个小目标，然后逐个征服，最后实现大目标。从对个人影响的角度上看，拆解就是把处理问题的烦恼化大为小、化整为零，让人有信心和动力去解决问题。所以在面对一个问题时，特别是相对复杂的事务时，不妨问自己三个问题：这件事一定要我做吗？如果一定由我来做，我不会做怎么办？我做的话，我该如何着手？如果答案是否定的，即可以把问题交由更合适的人处理，那么之前的烦恼就消失了。而如果答案是肯定的，那就要认真想想如何去处理了。

一个最有实效性的办法就是聚焦问题。聚焦问题第一步：将问题归类。就是看遇到的问题是属于什么性质、什么层面的问题。比如说要给三个客户各设计一套产品营销方案，现在已经设计出来一个了，还有几个方案没有设计？答案是：两个。这样的问题是单纯的疑问层面的问题，只有一个正确答案。这样的问题好解决，只要按照固定或约好的程序去做，问题就得到了解决。如果将问题变为：给三个客户的方案要兼顾对方的实际情况，要符合对方的市场需求。这样问题就变得复杂了，属于难题了。答案也不会只有一个了，而且没有对错之分，只有合适与不合适。它需要我们静下心来分析问题，才可能圆满地解决问题。

第二步，分析问题。在将问题性质、所处层面了解清楚的基础上，进入分析问题阶段。这是拆解问题的核心阶段。分析通常需要从多方面多角度进行，要深入问题中，找准问题的要素，确定解决的核心要点，然后进行针对性拆解。整体上说，要根据实际情况和要求将整体问题分解为若干个单元，然后找出相应的解决方法，逐个突破后再将各个小问题进行整合。

有时，我们会发现找不到问题的解决方法，这可能是自己钻进了牛角尖，处于问题的夹缝中出不来。所以，当遭遇出不来进不去的困境时，要尝试换个角度去思考，可能会收到意想不到的效果。

第三步，完善问题。分析完问题后，要及时进行完善。分析问题只是从理论上粗放性地解决了问题，可能尚存在缺陷和不足，这时就有必要对问题的解决方案进行核查、推敲、评估、完善，经过这一阶段，解决方案的成功率才会切实得到提高。

有人说，不会拆解的人生，只会在原地打转。这句话是有一定道理的。只有在将问题成功拆解后，才可能具体“触碰”到每一个切实可感的问题，也才可能进一步深入到问题的本质，最终找到解决问题的正确方法。众多小问题解决了，大问题也就随之不复存在了，闭环也就随之形成了。

打造正向闭环的能力，让事情变得简单高效

很多人都知道华盛顿找马的故事，故事是这样的：

一天夜里，华盛顿家的马被盗贼偷走了。华盛顿和接到报案后闻讯赶来的警察在邻居的农场里找到了被盗贼偷走的马，可是，邻居拒不承认，而且还信誓旦旦地说："这是我的马，是我一手养大的。"

华盛顿十分冷静地问："你确认这马是你一手养大的吗？恐怕你养它还没超过12小时吧？"邻居没有被华盛顿吓到，一口咬定马是自己的。

华盛顿上前用双手捂住马的双眼问："既然你说这匹马是你养大的，那你一定知道它哪只眼睛是瞎的？"

"右眼吧！"邻居有些犹豫地说。

华盛顿放下遮住马右眼的手。马的右眼很明亮。

"那就是左眼，我记错了。是左眼瞎了，我肯定。"邻居变得斩钉截铁。

华盛顿又放下遮住马左眼的手。马的左眼和右眼一样明亮。

"哦！我记错了，是另外一匹……"邻居有些尴尬。

"好了，不要再说了，事实证明这匹马不是你的，快把它还给华盛顿先生！然后你跟我去警局一趟！"一旁的警察说道。

华盛顿利用心理定势和逻辑推理，巧妙地将窃贼逼入一个死胡同，使其不打自招，让本一时难以澄清的事情变得简单，真相也随

即浮出水面。

梳理一下事情的整个过程，就会发现，从头到尾华盛顿的思维形成了一个完美的正向闭环，由开始的假设出发，一步步推理，最后引出与事实的矛盾（即“反证法”），这样就使盗贼的谎言不攻自破，让事情变得简单且高效。

思维的正向闭环，符合事情发展的逻辑要求，如果再能施之以巧妙，必然会剔除一些干扰项，省去一些中间不必要的环节，让事情变得简单，且富有成效。

一次实验中，爱迪生让助手去量一个灯泡的容量。助手又是拿软尺量灯泡周长，又是拿笔计算灯泡的面积。爱迪生见状直摇头，一言不发，直接拿过灯泡，往里面灌满水，然后将水倒进一个量杯里，马上就知道了结果。简简单单两步就让问题得到有效解决。

公司年会上，老板说：“我给大家出一道题，谁最先答上来，奖手机一部。题目是这样的：商人30元进了一双鞋，零售价40元。一顾客来买鞋，给他一张100元币，商人找不开，便去找邻居换了这100元，然后找给了这个顾客60元。后来邻居发现这100元是假币，商人只好又还了邻居100元。请问，在这个过程中，商人一共损失了多少钱?”

有人说“100元”，有人说“70元”，答案五花八门。一个新入职的小女孩怯生生的说：“一双鞋加60元。”

正确答案是“一双鞋加60元”。这道题可以采用财务上收支两条线的方法算出答案，但是那样计算较为复杂，如果反过来想这个问题，商人损失的钱，就应该是顾客“赚”走的钱，问题一下子就豁然开朗，变得简单了许多。

那么如何打造正向闭环的能力呢？下面几个方法不妨参考一下：

一是学会抓住事物的要点。大体说就是看解决事情的要点是什么，或者在什么地方，然后想办法将这个要点或要害处理好、解决掉，那么事情也就大体解决了。

年终，一家两百多人的公司评选优秀员工——从31名候选人中选出27名。常规操作方法是：除了候选人，其他所有员工参与投票，最终得票数排在前27位的就是优秀员工。对于这种司空见惯的做法，谁都没有异议。但是，这种做法效率很低。一个意识到问题的员工提出了一个新思路：投票人拿到选票后，选出自己不同意的那4位，唱票时，每张选票也只唱四次，最后，31名员工中，谁的“票多”谁就落选。

这个方法虽然简单，却很有效。按照这种思路操作，每一位员工投票所花的时间只有原来的七分之一，每一张选票的唱票时间也只有原来的七分之一，选举效率提高了七倍。最后，公司经过研究同意了这位员工推荐的方案。

二是学会借助思维工具。在面对复杂的事物时，单靠自己的大脑进行分析判断，很多时候是不够的，还要学会借助思维工具，比如可以借助思维导图、SWOT分析法、数学模型等来帮助比较、分析、筛选、判断以及决策和设计。比如就如何快速有效读一本书的问题，就可以借助思维导图来列举和分析、比较。

图 8-1 “如何快速有效读书”思维导图

三是尽量多思维化解决问题。很多时候，解决问题的方法不止一个，相应的思维也有多种。平时处理事情时，要尽可能多角度地考虑问题，同时尽量拟定多个解决方案，从中选出性价比最高的那个。这样对问题的解决十分有益，同时对思维也是个极好的锻炼。

举个例子，超市收银台各个口结账的人很多，队伍排得很长，如果现在你需要结账，请问你怎么做?

有两位统计学家研究了排队背后的数学问题，同时参考了大量的数据，最后告诉我们，由于多数人是右撇子，所以多下意识选择排在靠右的队伍后面。所以，应该“反其道而行”，即去排靠左的队伍才是正确的选择。此外，尽量找收银员是女性的队去排，因为她们动作更快。还有，在收银员速度大致相同的情况下，重要的是服务时间，也就是要看结账的商品数而非排队的人数，商品数多，意味着最短的队或许是最慢的队。

总之，要因地制宜采取灵活机动的办法去解决问题，尽量抛开那些干扰项和不重要的环节，抓住主要问题，解决主要矛盾，让思维形成正向闭环，简单高效地将问题解决掉。